Coaching a-z

일상의 대화, 소통의 과학

Haesun Moon Ph.D. 저

최중진 역

Praise

이 책에 대한 칭찬

이 책은 지혜, 통찰력, 대화의 창조적 실천의 축제와 같습니다. 특히 치료자, 카운슬러, 코치에게 도움이 될 것이지만, 실제로 우리의 모든 일상 관계에서 활용될 수 있는 것들입니다. 읽는 그 자체가 큰 즐거움입니다.

Kenneth J. Gergen, Ph.D. President, Taos Institute

Dr. Moon은 뛰어난 코치이자 트레이너입니다. 여기에서 그녀는 개인적, 전문적 일화를 나누며, 사람들과 대화를 나눌 때 사용할 수 있는 해결중심기법에 대해 설명합니다. 이 책은 설득력 있고, 매력적이며, 쉽게 이해할 수 있는 미래 지향적이고 역량에 기반한 코칭 접근 방식을 소개합니다. 전문가와 비전문가 모두 이 책에서 고객, 동료, 친구 및 가족과의 대화에서 유용하게 사용할 수 있는 많은 것을 발견하게 될 것입니다.

Peter De Jong, Ph.D., MSW, Professor emeritus, Calvin College

때로 모든 사람이 이 책을 읽었으면 하는 생각이 들게 하는 책이 있습니다. 실용적이고 영감을 주고 관점을 전환하는 Coaching A−Z는 현실을 만들고 변화시키는 언어와 의사소통의 힘을 명확하게 보여줍니다. Dr. Moon의 메타이론인 DOQ를 기반으로 하는 각 장의 이야기와 성찰은 내러티브 강점 기반 코칭에 생명을 불어넣습니다. 개인적인 이야기뿐만 아니라 국제적 코칭 경험으로 가득한 Coaching A−Z는 대화에 항상 '다른 것'이 더해질 수 있고, 최고의 사람과 상황을 끌어낼 수 있는 그녀와의 대화의 세계로 여러분을 초대합니다. 이것은 Dr. Moon의 아버지가 자주 그랬던 것처럼 쓰레기를 보물로 바꾸고 싶어하는 모든 코치, 교육자 및 부모를 위한 책입니다. 이 책을 읽고 여러분은 일상의 단어를 유쾌하고 긍정적인 가능성을 생성하는 데 사용할 수 있는 방법과 사랑에 빠지게 될 것입니다.

Diana Whitney, Ph.D. Founder, Corporation for Positive Change

코칭 A−Z는 대화를 통한 힐링을 제공하는 유쾌하고 통찰력 있는 가이드북입니다. 수년간의 연구와 실천을 단순하고 직접적인 개념으로 이론화시켜, 우리의 말과 질문이 어떻게 우리 자신과 다른 사람들에게 힘, 희망, 가능성이 될 수 있는지 보여줍니다.

Amanda Trosten−Bloom, Principal, Corporation for Postive Change

Dr. Moon의 워크숍이나 강좌에 참석할 기회가 있었다면 이 책에서 그녀의 뛰어난 재치와 지혜가 놀라운 스토리텔링으로 잘 짜여 있음을 알게 될 것입니다. 그녀는 코칭, 교육, 치료 또는 일상생활에서 업무 환경에서 사용할 수 있는 실용적이고 동시에 강력한 도구와 개념을 제공하여 단순히 우리 자신 및 서로와의 관계를 풍요롭게 합니다. 그녀는 나의 아이디어를 현실로 만들고, 우리가 가장 깊이 관심을 갖고 있는 것을 지향하고 우리의 발전을 인정하고 축하하는 아름다움을 일깨워줍니다.

Kristin Bodiford, Ph.D. Principal, Community Strengths

이 책의 이야기들 – 일부는 감동적이고, 일부는 너무 웃긴 – 은 하나의 마인드셋으로 나타납니다. 이것은 코치와 치료자가 자신이 하는 일을 설명할 때 일반적으로 사용하는 멋진 단어로 인해 주의가 산만해지는 일 없이 발생합니다. 숙련된 실무자에게 이 책은 겸손함을 유지하도록 상기시켜 줄 것이며, 초심자에게는 멋진 학습 경험이 될 것입니다. 이 작업을 하거나 비슷한 종류의 작업을 수행하는 모든 사람에게 유용한 우아한 팁과 기술이 지배적이지 않은 방식으로 제공됩니다. 어떤 구절에서는 울 수도 있고, 다른 구절에서는 분명히 웃을 수도 있을 것입니다. 협동 치료와 코칭에 관심이 있는 모든 사람에게 이 책을 강력히 추천합니다.

Harry Korman, MD. Director, SIKT, Sweden

Dr. Moon은 다른 사람들이 선호하는 미래를 만들 수 있도록 돕는 모든 사람에게 놀라운 돌파구를 제공했습니다. 수년간의 학문과 실제 경험을 통해 그녀는 긍정적인 변화의 과정을 제가 지금까지 배웠던 사람들이나 수십 년간의 경영진 코칭에서 사용한 사람 중 가장 우아한 대화 모델로 요약했습니다. 이 매우 중요한 과정 때문에 많은 사람들이 최선의 삶을 살게 될 것이므로 이 책을 읽고 즉시 자신의 삶에 활용하길 바랍니다.

Coroline Adams Miller, MAPP, bestselling author,
Creating Your Best Life, *Getting Grit*, *and My Name is Caroline*

좋은 대화라는 선물

혹시 누군가와 정말 좋은 대화를 나누었던 때를 기억하시나요? 누구와의 대화였나요? 대화의 주제는 무엇이었나요? 대화가 그렇게 좋았던 이유는 무엇이었나요?

어떤 사람들은 좋은 대화를 나눌 수 있는 재능을 타고난 것처럼 보이기도 합니다. 그런 사람들은 여러분이 이해받고, 인정받는 느낌이 들도록 하거나 지지받고 살 만한 가치가 있다는 느낌을 갖게 할 수도 있습니다. 만약 지금까지의 모든 대화가 그럴 수 있었다면 우리의 삶은 여러 면에서 달라져 있지 않을까요?

"대화(conversation)"는 매우 흥미로운 단어입니다. 14세기 중반, 그러니까 중세 프랑스어에서 대화는 '삶의 방식'을 의미했습니다. 여러분이 세상을 살아가는 예절, 행동, 그리고 습관 같은 방식을 말합니다.

한편, 대화의 라틴 어원인 conversātiōnem은 또 다른 의미를 갖는데, 여러분이 습관처럼 머무는 곳, 말하자면 우리의 집 주소(home address)와 같은 의미입니다. 물론, 이런 고전적 의미가 이 단어가 쓰이는 현대적 맥락에 적절한 것은 아니지만, 대화라는 단어가 비유적으로 활용될 때 나타날 수 있는 복잡성에 대한 이해를 도울 수 있다고 생각합니다. 예를 들면, 여러분은 어떤 이야기(story)와 함께 살아가시나요? 여러분의 마음이 머물도록 하는 이야기는 어떤 것인가요? 여러분 마음의 공간을 차지하고 있는 이야기는 어떤 것인가요? 우리의 마음은 습관의 결과입니다. 마음의 습관은 우리의 삶에 들어오는 특정한 이야기에 귀를 기울이게 하기도 하고, 우리의 마음을 울리는 이야기에 목소리를 부여하기도 합니다. 어떤 이야기는 우리에게 상처가 되기도 하고, 또 어떤 이야기는 우리를 치유하기도 합니다.

치유의 대화를 나누고자 하는 노력이 시작된 것은 아마도 인류의 역사 이전으로 거슬러 올라갈 것입니다. 그럼에도, 최근에는 대화치료(talk therapy)라는 말을 좀 더 많이 쓰기도 하는데, 말 그대로 "이야기(narrative, 라틴어원은 *narrare*)"를 통한 "치유(cure, 그리스어원은 *therapeia*)"를 의미합니다. 대화치료라는 말 속에 숨어 있는 가장 근본적인 가정은 사람은 이야기를 통해 치유될 수 있다는 것입니다. 사람들이 자신의 인지적 오류를 발견하도록 하든, 잠재의식 속에 뿌리 깊게 자리 잡은 무엇인가를 탐색하든 간에 대화치료는 사람들의 이야기에 의지합니다. 그렇다면, 실제로 말을 하는 것이 어떻게 사람들을 치유할 수 있을까요? 어떤 종류의 말이 치유로 이어질까요? 이러한 질문들이 지난 십여 년간 제가 대화(communication)를 연구하는 학자로서 코칭(coaching)을 활용한 대화가 실제로 어떻게 작동하는지에 대한 연구를 통해 탐색해

보고자 했던 것이었습니다. 대화가 실제로 어떻게 작동하는지에 관한 오랜 연구 끝에 저는 단순하지만 뭔가 중요한 것을 깨달았고, 그것은 제가 코치(coach)로서의 실천방식과 교육자로서의 접근을 완전히 바꾸도록 했습니다. 그것은 다름 아닌 '모든 이야기가 다 치유적인 것은 아니다!'라는 단순한 깨달음이었습니다. 따라서, 우리는 모든 이야기와 대화치료가 치유적이라고 막연하게 믿는 대신, 치유적인 이야기나 치료적 대화를 더 적극적으로 찾아야 합니다. 어쩌면 치유적인 이야기를 함께 만들어 가는 것에 대해서도 좀 더 진지하게 생각해 볼 필요가 있습니다. 시작부터 말이 좀 복잡해졌네요. 그렇죠? 만일 여러분이 지금까지의 제 말에 동의하신다면, 그러한 이야기는 어디에 있고, 또 우리는 그런 대화를 어떻게 함께 만들어낼 수 있을지에 대해 생각해 볼 필요가 있습니다.

그게 바로 지금 우리에게 필요한 마법이겠죠. 마치 해리 포터의 주문 "아브라카다브라"처럼 말이죠. "말하는 대로 이루어지리라"! 두 사람이 대화를 하면서 만들어가는 이야기는 서로가 나눈 의미의 흐름 속에서 나타나고 또 사라집니다. 그러한 이야기들은 우리가 마주 보고 앉아 있는 공간에서 주로 일어납니다. 그러한 공간에서 우리는 많은 이야기를 나누고, 말하며, 듣고, 또 보기도 합니다. 우리는 이야기를 함께 만들고, 서로의 상호작용 속에서 점점 달라지는 이야기를 의식하며, '어, 얘기가 어쩌다 이렇게 됐지?'라고 의아해합니다.

아마도 이것이 이 책의 시작 지점이었을 겁니다. 저는 무질서해 보이는 사람들의 이야기 속에서 주요한 이야기의 전개(storyline)를 따라가는 연구를 통해 몇 가지의 주요한 특징을 발견했습니다. 어떤 사람들은 계속해서 이야기의 주제에서 벗어납니다. 또 어떤 사람들은 이야기를 마쳐야 할 때를 놓치며, 심지어 자신의 이야기 속에서 길을 잃고 헤매기도 합니다. 그런데 어떤 사람들은 자연스럽게 다시 대화의 주제로 돌아가고, 더 쉬운 대화 방식을 찾기도 하며, 또 자신만의 방식으로 미지의 영역에 새로운 길을 만들기도 합니다. 그런 차이를 만드는 것은 무엇일까요?

저는 이러한 궁금증에 관한 오랜 연구 끝에 제가 '경청을 위한 나침반'이라 이름 붙인 일종의 대화를 위한 오리엔테이션을 제안할 수 있었습니다. 이 나침반은 중간에서 교차되는 두 개의 선으로 이루어져 있습니다. 수평선은 과거에서 미래로 이어지는 시간을 의미하며, 수직선은 대화의 내용을 의미하는데 위쪽으로 갈수록 긍정적, 아래쪽으로 갈수록 부정적인 내용을 말합니다. 사람들은 자신의 이야기를 할 때 대개

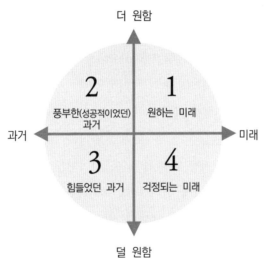

출처: Moon, H. (2020). Coaching: Using ordinary words in extraordinary ways. In S. McNamee, M.M. Gergen, C. Camago−Borges & E.F.Rasera (Eds.), *The sage handbook of social constructionist practice* (pp. 245−257). Sage Publications.

과거나 미래에 대해(나침반의 왼쪽이나 오른쪽), 또는 삶에서 더 또는 덜 원하는 것(위나 아래)에 대해 말하곤 합니다.

이 나침반은 오른쪽 위쪽에서 시작해 시계 반대 방향으로 네 개의 서로 다른 면으로 이루어져 있습니다.

1. 원하는 미래
2. 풍부한(성공적이었던) 과거
3. 힘들었던 과거
4. 걱정되는 미래

여러분의 이야기가 가장 많이 머무는 곳은 나침반의 어느 곳입니까? 힘들었던 과거(3사분면)와 걱정되는 미래(4사분면)의 무게가 여러분을 끌어내릴 때 이러한 이야기로부터 빠져나갈 수 있는 가장 가까운 출구는 어디에 있나요? 이야기가 원하는 미래(1사분면)와 성공적이었던 과거(2사분면)로 향할 수 있는 지름길은 어디에 있나요? 궁극적으로, 여러분이 머물고 싶은 곳은 어디인가요?

아마 여러분은 지금쯤 이 책이 심리치료에 관한 것인지, 코칭에 관한 것인지, 아니면 트레이닝에 관한 것인지에 대해 궁금해할 것입니다. 궁금증에 대한 저의 대답은 "모두 맞습니다!"입니다. 여러분은 이 책을 읽으며 나름의 방식으로 저와의 대화에 참여하게 될 것입니다. 우선, 제가 여러분의 개입 방식을 존중한다는 것을 알려드리며, 사람에 대한 저의 믿음에 대해서도 말씀드리고 싶습니다. 저는 사람들이 긍정적인 삶을 원하며(1사분면), 대개는 이미 그러한 방향으로 나아가기 위한 노력을 해오고 있다(2사분면)는 믿음을 가지고 있습니다. 그럼에도 불구하고, 힘들었던 과거(3사분면)로 고통받거나 미래에 대한 걱정(4사분면)을 하는 사람일지라도 이를 통해 자신이 원하는 것에 관해, 그리고 이미 그런 방향으로 나아가기 위해 들이고 있는 노력에 대해 더 분명하게 알 수 있다는 믿음을 가지고 있습니다. 사람들은 이 나침반을 일종의 '치유의 프레임워크(framework)' 또는 '상호작용의 발견을 돕는 지도'로 명명하기도 합니다. 저 자신 또한 이 나침반에 '대화적 지향의 사사분면'이라는 아주 심각한 이름을 붙였던 적이 있습니다. 여러분에게 어떤 명칭이 더 와 닿든 그것을 여러분 자신을 위해 또 대화의 길을 찾고자 하는 사람들(여러분의 동료나 직원, 부모님이나 자녀, 클라이언트나 학생 또는 친구 등)을 위한 일종의 GPS로 생각하며, 이를 통해 여러분이 원하는 이야기를 만들어 갈 수 있는 기술에 숙달할 수 있기를 기대합니다.

좋은 소식은 이 기술에 숙달하는 방법이 미지의 영역은 아니라는 것입니다. 지금까지 인간의 대화에 관해 연구해오며 제가 알게 된 것은, 그것은 그저 우리가 사용하는 일상의 언어를 조금 특별한 방식으로 다시 말해보는 것에서 시작할 수 있다는 것입니다. 그것은 영어의 알파벳처럼 쉬워 누구나 배울 수 있습니다. 이것이 제가 여러분께 드리는 희망의 메시지입니다. 여러분이 자신과의 대화에서, 또 다른 사람들과의 대화에서 이러한 방식을 활용해 원하는 결과를 얻을 수 있기를 기대합니다. 저는 이 책이 바쁜 삶의 한 가운데에서 지금도 열심히 달리고 있는 분들에겐 짧은 휴식, 또 삶의 긴 여정에서 잠깐 멈춰 서있는 분들에게는 좀 더 편안한 휴식이 될 수 있기를 희망합니다. 이런 이유로 각 장의 끝부분에 'Reflection Guide(성찰 가이드)'를 포함시켰습니다. 이 잠깐의 멈춤이 여러분께 성찰과 휴식을 제공하길 기대합니다. 이 책은 제 마음속 깊은 곳에서 우러나온 일종의 '초대'입니다. 이 초대에서 저는 여러분들에게 저의 이야기를 들려드리고자 합니다. 이를 통해 함께 상상해 보고, 그것에서 얻은 저의 교훈에 대해 같이 생각해 보고, 이를 각자의 삶의 정황 속에서 일어나는 다양한 대화에 적용해 볼 것을 권하고자 합니다.

일상의 마법으로의 초대

몇 년 전 스위스의 코칭 전문가인 Peter Szabó가 강연을 온적이 있습니다. 이때 Szabó가 제게 개인적으로 했던 말이 충격적이었습니다. 김인수 선생님이 돌아가신지 얼마 되지 않았던 때였는데, 캐나다 토론토에 김인수 선생님이 환생을 했다는 것이었습니다. 아마도 그만큼 훌륭한 해결중심치료자가 나타났다는 의미였을 것입니다. 그 이야기를 들은 후 이 놀라운 분에 대해 궁금해졌고, 유튜브와 페이스북 등을 통해 문혜선 박사의 강연을 접할 수 있었습니다. 놀랍게도 문혜선 박사는 한국에서 16세에 캐나다로 가족과 함께 이민을 간 분이었습니다. 평온한 얼굴로 시종일관 환한 미소를 잃지 않으며 한 시간 동안 이어진 강연에서 언어학자로서의 해박한 지식과 유머를 겸비한 강연스타일에 저는 일종의 '몰입'의 경험을 했습니다. 이후 희망의 언어가 세상을 바꿀 수 있다고 말하는 문혜선 박사의 팬이 되었고, 신간이 나온다는 반가운

소식에 예약을 걸어두고 받아 본 책이 바로 이 책이었습니다.

책이 도착하고 '전문서적 치고는 좀 작네' 하는 생각을 하며 읽기 시작했는데, 그야말로 책에서 손을 뗄 수가 없었습니다. 여러분은 소설이 아닌 전문서적을 읽으며 울고 웃던 기억이 많이 있으신지요? 적어도 제겐 이 책이 그런 소중한 경험을 제공한 몇 되지 않는 책 중 하나였습니다. 읽는 누구라도 어느 지점에서는 개인적으로 연결될 수밖에 없는 풍부하고 진솔한 일상의 에피소드와 전문코치로서 또 해결중심치료자로서의 전문적 경험이 절묘하게 어우러진 이 책을 가장 가까운 곳에 두고 하루에 한 챕터씩 매일 다시 읽고 싶다는 생각이 들었습니다. 문혜선 박사는 코치를 언어의 큐레이터로 정의합니다. 이 책을 통해 그녀는 일상의 언어로 각자가 원하는 삶을 만들어 갈 수 있는 마법의 주문을 배울 수 있도록 합니다. 그녀는 그것이 특별할 것이 없다고 말합니다. 우리가 매일 쓰는 말들이니까요. 그런데 매일 쓰는 그 말엔 특별한 힘이 있습니다. 우리가 사용하는 일상의 언어는 우리가 누구인지를 보여줍니다. We are what we speak! 말하는 대로 이루어진다는 문혜선 박사의 말을 인정할 때 우리가 사용해야 할 언어는 자명합니다. 그것은 용기와 희망, 그리고 해결의 언어입니다. 이 책이 일상의 마법을 열망하는 많은 분들에게 닿기를 소망합니다.

여러 번의 번역 경험을 통해 번역의 어려움을 익히 알고 더 이상 번역을 하지 않겠다고 매번 결심하지만, 좋은 책을 발견하면 그 결심이 무너집니다. 강남순은 데리다의 말을 인용하며 번역의 필요성과 불가능성에 대해 언급했습니다. 저자의 의도를 완전히 번역해 내는 것이 이미 불가능합니다. 그럼에도, 그 필요성은 매우 크다고 보았습니다. 새롭게 시작된 다른 언어로 쓰인 글과의 언어게임(language game)이 결코 쉽지 않았지만, 더 많은 한국의 독자들이 읽었으면 하는 바람으로 임했습니다. 아쉬운 점도 있습니다. 특히, 저자 특유의 유머를 제대로 살릴수 없어서 아쉬운 마음이 큽니다. 다양한 인구집단을 대상으로 해결중심적 코칭을 제공하고자 하는 전문가들에게는 좀 더 효과적인 '이야기 큐레이터'가 될 수 있는 실천방법을, 일반 독자에게는 일상을 돌아보며 희망의 언어를 찾아가는 긴 여행의 시작지점이 될 것을 기대합니다.

이 책이 나오기까지 도움을 주신 분들이 계십니다. 여러 이유로 번역서를 내는 것이 쉽지 않은 시기에 선뜻 뜻을 함께 해주신 박영사의 안종만 대표님, 피와이메이트의 노현 대표님과 편집으로 애써주신 전채린 차장님께 깊이 감사드립니다.

2022년 10월
역자 최중진

Contents

Already

이미, 언제나 …

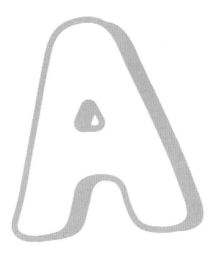

다음 단계에 대해 성급히 다루기보다 클라이언트가 소망하는
방향으로 나아가기 위해 이미 기울인 노력에 초점 맞추기

이제 거의 다 왔으니 조금만 더 힘을 내라는 말을 들어 본 적이 있나요? 저는 몇 년 전에 교통사고를 당했었고, 지금부터 드리는 이야기는 저의 회복 과정에서 있었던 일입니다. 저는 다친 근육을 원래의 상태로 되돌리기 위해 여러 명의 치료사와 트레이너의 도움을 받았습니다. 저같이 게으른 환자를 움직이도록 동기화시키려는 그들의 접근을 지켜보는 것은 제겐 정말 흥미로운 일이었습니다.

"힘내세요, 거의 다 했습니다. 이제 세 번만 더!"라며 토미는 외쳤죠. 트레이너로서 그는 환자들이 땀이 나도록 움직이게 하는 데 정말 소질이 있었습니다.

"운동하지 않는다면, 당신의 근육은 결국 소실되고 말겁니다."라고 말한 테오라는 치료사도 기억이 납니다. 겁을 주는 솜씨가 보통이 아니었지요.

또 사고 전 제가 조금 더 활동적이었었다면 지금 회복이 훨씬 빨랐을 거라고 말하며 저의 죄책감을 자극하는 사람도 가끔 있었지만 크게 도움이 되지는 않았습니다.

그러던 어느 날 몸집이 작은 한 젊은 여성 트레이너가 저의 재활을 돕기 시작했습니다.

"안녕하세요. 전 다이앤이라고 합니다."

"네, 안녕하세요. 오늘은 뭘 하나요?"라며 제가 물었습니다. 그때 저는 이미 지칠 대로 지친 상태였습니다. 이미 매일 다섯 가지 운동으로 이루어진 30분짜리 루틴을 세 번씩 반복해오던 터였습니다. 정말 세게 항의하면 두 번으로 줄었고요.

"우선, 지금까지 어떤 운동을 해 오셨는지 말씀해주실 수 있나요?"

"네? 음… 제 무릎과 아래 척추 쪽이요?"

"어떤 도움을 받기 위해서였죠?"라고 물으며 다이앤은 노트에 메모를 하고 있었습니다.

"근력을 더 강화시키기 위해서 아닌가요? 균형감각도 마찬가지겠구요."라며 심드렁하게 답했습니다. 제겐 이런 질문이 좀 의아했는데, 제 파일에 이미 기록되어 있을 내용이라 생각했기 때문입니다. '이런 걸 왜 물어보는 거지? 신입인가?'

"근력과 균형이라… 음. 그렇군요. 그러면 언제 어디서 근육의 힘과 균형이 느껴지나요?"

저는 '어라, 이건 좀 새로운 접근인데'라고 생각했습니다. 이런 질문은 처음이었거든요. 다른 트레이너들은 주로 언제 가장 취약함을 느끼는지, 또 언제 균형을 잡기가 가장 어려운지 그리고 그런 일들이 제 삶에 미치는 부정적 영향에 관해 물었습니다.

"글쎄요. 강의할 때요. 강의할 때 저는 여덟 시간 정도는 쉬지 않고 서 있을 수 있습니다. 전혀 피곤함을 느끼지 않죠."

다이앤은 "하시는 일을 좋아하시나 봐요."라고 말하며 미소 띤 얼굴로 저를 올려다봤습니다.

"사람들을 움직이기 위해 반드시 그들이 성취하길 원하는 것을 어떻게 이룰지에 대해 자세하게 말해야 하는 것은 아닙니다. 동기는 언제나 항상 왜 그것을 성취하기를 원하는지를 발견하는 것에서 시작됩니다."

저는 "그런 것 같아요."라고 웃으며 대답했습니다.

"그러면, 당신이 좋아하는 것을 계속하기 위해 더 강해지고 균형을 잘 유지하는 것의 중요성에 대해 이미 잘 알고 계시는군요. 또, 말씀하신 정도로 일을 할 수 있을 만큼 이미 회복된 것처럼 들리는데요. 자, 그렇다면 이렇게 강한 근력과 균형을 되찾기까지 뭘 해오셨어요?"

● 대화의 중심

모든 코칭 대화의 중심에는 사람들이 원하는 것이 무엇인지에 관한 물음이 있습니다. 어떤 사람은 뭔가를 조금 더 많이 원하기도 하고, 또 원하지 않기도 합니다. 또 어떤 사람은 처한 상황이나 다른 사람이 변하길 바랍니다. 여러분은 사람들이 원하는 것에 대해 말할 때 어떻게 대응하시나요? 우선, 사람들이 원하는 것에 관해 좀 더 탐색해 볼 수도 있겠지요. 우리는 사람들이 원하는 것을 "목적," "결과," "목표" 또는 종료 지점이나 종착지를 나타내는 여러 단어로 표현하기도 합니다. 또한, 사람들이 원하는 곳에 어떻게 갈지에 대해 좀 더 알아보고자 할 수도 있을 겁니다. 우리는 그것을 "행동 계획," "전략," "다음 단계" 또는 종료 지점에 다다를 수 있는 수단을 나타내는 여러 단어로 표현합니다. 저는 여러분이 앞으로 해야 하는 온갖 종류의 노력을 포함한 행동 계획을 다루는 대화에 최소 한 번 이상은 참여해 보셨을 것이라 확신합니다.

그런데, 저의 경험에 기초해 말씀드리자면, 사람들을 동기화시키기 위해 그들이 원하는 것을 어떻게 성취할지에 대해 자세히 다루는 대화가 반드시 필요한 것은 아닙니다. 동기는 언제나 항상, 그것을 성취하기를 바라는 이유에 대해 알아가는 것에서 시작됩니다. 원하는 것을 소망하는 이유에 대한 이해("나는 내가 사랑하는 일을 더 잘 할 수 있는 힘을 얻기 위해 운동을 합니다.")는 자연스럽게 소망하는 것을 "어떻게" 이룰지("그것을 위해 다섯 종류의 운동을 3세트씩 수행할 필요가 있습니다.")에 대한 대화로 연결됩니다. 사람들은 이미 자신이 원하는 방향으로 나아가고 있음을 알게 될 때 계속 노력할 수 있는 마음을 유지할 수 있습니다("이렇게 강한 근력과 균형을 되찾기까지 무엇을 해오셨나요?"). 어떠한 대화에서라도 좋은 코치와 가이드, 그리고 경청자의 역할은 의외로 단순합니다. 그것은 대화의 상대에게 목표지점에 거의 다 왔다는 응원의 메시지를 주는 것이 아니라, 그들이 원하는 방향으로 나아가기 위해 지금까지 무엇을 해왔는지에 대해 기억해 낼 수 있는 대화로 그들을 초대 (invitation)하는 것입니다.

 Reflection Guide

살면서 경험했던 목적의식과 무엇인가에 의미 있는 진전을 만들어냈던 사건에 관해 생각을 해보는 시간을 갖도록 해봅시다. 그러한 사건은 어떤 중요한 결정을 내려야만 했거나, 놀랄 만큼 위험했던 순간, 또는 여러분이 그저 견뎌내기만을 바라며 지속해온 익숙한 분투의 결과일 수 있습니다.

• 그 일이 진정으로 중요한 것을 발견하는 것에 어떻게 도움이 되었나요?

• 그 경험은 진정으로 관심이 있는 것에 대해 무엇을 알게 해주었나요?

• 어떤 것에 관심이 있다면 그것에 관한 관심은 왜 생겼나요? 그 이유 중 이미 분명한 것은 무엇인가요?

Becoming

원하는 것

무엇이 필요한지 인정하고 그것을 해낼 수 있는

수단을 이미 가지고 있음을 믿으며,

무엇을 원하는지를 볼 수 있도록 하기

어렸을 때 "커서 어떤 사람이 되고 싶니?"라는 질문을 받았던 때를 기억하시나요?

저와 같은 반이었던 여자친구의 대답은 "나이팅게일"이었습니다. "슈바이처 박사"도 인기 있는 대답 중 하나였습니다. 반 친구들의 대답에는 선생님부터 경찰, 과학자 등 거의 모든 직업이 포함되었습니다. 부모님이 이 '큰 질문'을 제게 처음 했던 것은 제가 네다섯 살 정도였던 것으로 어렴풋이 기억합니다.

저는 부모님께 "저는 커서 아서 왕(King Arthur)이 될거에요!"라고 답했습니다.

부모님의 표정이 어땠는지 정확하게 기억하진 못하지만 젊은 부모님이셨던 두 분이 나눴을 좀 황당해 하셨을 표정을 상상할 수 있습니다. 그렇지만, 그 후 어머니가 제게 어떻게 행동하셨는지는 정확히 기억합니다.

"전하, 납시어 점심을 드시지요."라고 하셨으니까요.

그 후에도 어머니는 계속해서 "혜선 전하, 다 드신 그릇을 싱크대에 넣어 주실 수 있나요?"라고 묻기도 하셨습니다.

어머니는 기회가 될 때마다 무엇이든 제가 원하는 대로 될 수 있다는 믿음을 가지고 제가 원하는 방식으로 저를 불러주셨습니다. 그 뒤로 저를 불러주셨던 명칭이 많이 바뀌었습니다. 우주비행사 문혜선님, 탐정 혜선, 문 기자님 등, 제 꿈이 달라질 때마다 어머니가 저를 부르는 방식도 함께 바뀌었습니다. 나이가 들어가며 어떤 꿈은 제게 멀어져 가기도 했고, 또 어떤 꿈은 잊히기도 했습니다. 어느 날, 그런 질문을 주고받은 지 오랜 시간이 지나고 그런 것에 대해 더는 생각하지 않는 나이가 되었을 때 제 어린 조카가 그 질문을 상기시켰습니다.

"이모는 커서 어떤 사람이 되고 싶었어요?"

초밥을 드시던 아버지가 고개를 드시며 흥미롭게 쳐다보시고, 어머니도 눈썹을 위로 쫑긋 올리셨습니다.

"나는 항상 뭐가 되고 싶었냐면…"이라고 말하는 동안 제 머릿속엔 많은 생각과 얼굴이 스쳐 지나갔습니다. 저는 잠깐 멈추어 다른 곳을 쳐다본 후 다시 조카의 눈을 맞추며 말했습니다. "이모는 항상 지금의 내가 되길 원해왔단다."

"와, 멋지다"라고 말하며, 그 질문이 어떤 무게를 가졌는지는 알지도 못한 채 조카는 무심한 듯 다시 밥을 먹기 시작했습니다. 그 질문을 생각할 수 있도록 해준 것에 대한 상으로 조카는 익힌 채소 한 주걱을 더 먹어야 했습니다.

"자, 스파이더맨, 더 강해지려면 네 채소 반찬을 다 먹어야 한다."

담소를 나누며 저녁 식사를 하는 중 저는 서로 마주 보며 앉아계신 부모님께서 의미심장한 미소를 나누시는 것을 보았습니다.

"다른 사람들이 원하는 것을 전적으로 수용하는 것은 단지 전문가로서 코치만의 도구가 아니라 우리가 중요하게 생각하는 수많은 관계를 유지할 수 있도록 돕는 아주 중요한 '접착제'의 역할을 합니다."

● 다른 사람의 진실을 전적으로 수용하기

코칭에 대해 처음 배울 때 저는 많은 은사와 멘토들에게 코치로서 클라이언트와 대화를 나눌 때 무엇을 해야 하는지를 묻곤 했습니다. 어떤 분들은 "좋은 질문을 해야 합니다."라고 말씀하셨고, 어떤 분들은 "공감적인 경청"이 중요하다고 하셨습니다. 그중 가장 기억에 남는 답변은 해결중심실천(Solution-Focused Practices)의 주요한 공헌자 중 한 분이자 제 멘토이신 피터 드 용(Peter De Jong) 박사께서 한 말씀이었습니다. 그는 단순하지만 정중하게 "혜선, 당신의 클라이언트를 믿으시나요?"라고 반문하셨습니다.

위층 거주자가 자신에게 광선(충격파)을 쏜다고 믿는 클라이언트와의 상담에서 해결중심치료의 개발자 중 한 분이었던 스티브 드 쉐이져(Steve de Shazer)는 클라이언트의 말을 있는 그대로 받아들였습니다. 드 쉐이져는 클라이언트의 이야기가 진실인지 아닌지에 대해 평가하는 것에 사로잡히는 대신 그 클라이언트가 세상을 바라보는 방식과 자신의 삶에 대해 이해하는 방식에 더 관심을 보였습니다. 클라이언트의 논리에 의하면 위층 거주자가 쏘는 광선이 자신이 잠을 설치는 주요한 이유였습니다. 이후 이들의 대화는 아래층 거주자인 클라이언트가 광선의 영향에도 불구하고 잠이 조금이라도 더 잘 들 수 있도록 도움이 될 수 있었던 방식을 알아보는 것이었습니다. 해결중심치료의 또 다른 개발자 중 한 분인 인수 김 버그(Insoo Kim Berg-김인수)의 일화도 클라이언트의 진실을 전적으로 수용하는 모습을 잘 보여줍니다. 어느 날 김인수는 자신의 삶이 좀 더 나아지기 위해 기적이 필요하다고 말한 클라이언트와 상담을 하고 있었습니다. 기적이 일어나기 전에는 문제가 해결될 수 없다는 것이 바로 삶에 대처하는 클라이언트의 논리였고, 클라이언트는 자신의 모든 어려움이 기적처럼 사라지기만을 희망했던 것입니다. 김인수 자신이 기적을 믿는지는 상관이 없었습니다. 김인수는 클라이언트의 말을 그대로 수용하며, 기적이 일어났을 때 클라이언트의 모습이 어떻게 달라질지에 관해 물었습니다. 김인수와 이 클라이언트 사이의 상호작용은 해결중심치료의 역사에서 매우 상징적인 순간이었습니다. 현재 "기적질문(miracle question)"으로 불리는 기법이 만들어진 순간이었고, 이 질문은 이 순간에도 전 세계 수많은 치료와 코칭 대화에서 클라이언트가 원하는 미래와 희망, 그리고 꿈 등에 대해 탐색하는 개입으로 받아들여지고 있습니다.

다른 사람들과 대화를 하며 여러분은 그들의 꿈과 희망에 어떻게 반응하시나요? 해결중심코칭에서는 자신이 원하는 방식의 삶에 대해 말할 수 있을 때 클라이언트는 이미 그러한 방향을 향해 나아가고 있다고 믿습니다. 혹시, 이러한 믿음을 방해하는 여러분의 습관적인 가정(assumptions)이 있다면, 그것은 무엇인가요? 그들의 꿈이 실제로 이루어지는 것을 지켜보며 인정하는 여러분의 방식은 어떤가요? 다른 사람들이 원하는 것을 전적으로 수용하는 것은 단지 전문가로서 코치들만의 도구가 아니라 우리가 중요하게 생각하는 수많은 관계를 유지할 수 있도록 돕는 아주 중요한 '접착제'의 역할을 합니다.

 Reflection Guide

지금의 자신이 되기까지 어떤 과정이 있었는지에 대해 생각해보며, 그 과정에서 자신을 믿어준 분들에 대한 기억을 해보시기를 바랍니다.

- 지금의 자신이 되는 것을 알 수 있도록 어린 시절에 나타난 특성이나 관심, 그리고 열정은 무엇이었나요?
- 크고 작은 꿈들 중 실제로 실현된 것은 무엇인가요? 누가 믿어주었나요, 아니면 스스로에 대한 믿음이 있었나요? 당신을 믿어준 사람이 있었다는 것이 어떻게 도움이 되었나요?

자, 이제 이 아이디어를 실제 대화에 활용해 보는 연습을 해보시길 권합니다.

- 누군가에게(클라이언트, 가족, 친구, 동료 등) 삶의 어떤 위기를 겪으며 더 분명해진 것이 무엇인지에 관해 물어보세요. 이야기를 들으며 위기의 내용보다는 경험을 통해 삶에서 더 분명해진 것이 무엇인지에 대해 주목하세요.

Care

관심과 보살핌

사람들의 잘못보다는 중요한 것에 관해 궁금해 하기

이 출근길이 저의 다른 날들과 비교해 다를 것은 전혀 없었습니다. 병원 입구의 병목현상마저도 똑같았습니다. 간밤에 내린 눈이 상황을 더 나쁘게 만들었지만, 교통을 마비시킬 정도로 날씨가 나쁜 것은 아니었습니다. 그렇지만 그날 운전을 한 사람은 제가 아니라 제 친구 엔젤라였고, 우리는 다른 날에 비해 훨씬 조용했습니다. 병원에 들어서길 기다리며 엔젤라는 "다 괜찮을 거야. 내가 너를 위해 기도할게."라고 짧게 말했습니다.

맞습니다. 엔젤라의 말은 이번 방문이 출근길이 아닌 입원을 위한 것임을 환기시켰습니다.

저는 "저쪽 코너에서 내려주고 가. 퇴원하면 전화할게."라고 웃으며 말했습니다.

엔젤라는 "무슨 소리야."라고 머리를 흔들며, "너랑 함께 들어갈 거야."라고 말했습니다.

우리는 수술 예약실까지 함께 걸어갔습니다. 신분증을 건네는 제 손이 떨리고 있었습니다. "이름, 생년월일, 주소"에 관한 짧은 질문으로 제 신원을 확인한 후 직원은 대기실 뒤편을 가리키며 "탈의실은 저쪽입니다."라고 말했습니다. 저는 무거운 겨울옷을 벗어 커다란 비닐봉지에 넣고 줄을 조여 동여맸습니다. 푸른색 환자복은 너무 노출이 심해 모든 끈을 최대한 조여도 제 맨살이 너무 많이 드러나는 기분이 들었습니다. 기다리고 있던 간호사가 환복 후 쑥스러워하며 밖을 내다보는 저를 발견하고 환자용 침대가 있는 방으로 저를 안내했습니다. 엔젤라가 바로 뒤쫓아 왔고, 우리는 간호사가 형광 노란색 환자용 ID끈을 제 손목에 채우고, 팔에 수액을 꽂는 것을 지켜보았습니다. 엔젤라는 간호사에게 저보다 더 많은 질문을 했고, 저는 보살핌을 받는 느낌을 받았습니다. 이상하게도 그런 행동이 위안이 되었습니다. 엔젤라는 안절부절 못하는 제 손을 잡아 주며 제가 수술실로 옮겨지기 바로 전 저를 똑바로 쳐다보며 말했습니다.

"다 잘 될 거야. 네가 깨어날 때 네 옆에 있을게."

이동 침대에 누워 복도로 들어서며 수술실로 향할 때 침대를 밀어 주시던 분이 저를 내려다보며 크고 환한 미소를 지으며 활기찬 목소리로 물었습니다.

"저는 제롬입니다. 수술이 처음이신가봐요?"

"네, 완전 처음이에요."

복도의 코너를 돌며 제롬은 "이곳의 의료진은 최고입니다."라고 말했습니다. "실력 있는 분이 집도를 하시니 걱정하지 않으셔도 됩니다." 그의 말에 반응을 하기도 전 제롬은 "자, 이제 우리는 수술실이 있는 층으로 올라갑니다. 라이딩을 즐기세요."라고 웃으며 말했습니다.

침대에 누워 병원의 익숙한 곳을 지나고 있을 때 저는 뭔가 기분이 좋아지는 것을 발견했습니다. 바로 천정의 타일이었습니다. 수술실로 가는 길을 따라 천정의 타일에 그림과 메시지가 적혀 있었습니다.

저는 제롬이 수술실 앞에 멈춰 설 때까지 타일에 쓰여 있는 메시지를 빠르게 읽어 내려갔습니다.

"미스 문, 다 왔습니다. 수술이 끝나면 제가 다시 병실로 옮겨드릴 겁니다."

제롬이 돌아서려할 때 저는 몸을 반쯤 일으키며 "제롬, 당신이 저를 다시 옮겨주실 건가요?"라고 물었습니다.

"네."라고 말하며, 그는 또 한 번 크게 미소를 지어주었습니다. "그렇지만 마취가 깨어나지 않아 잠에 빠져있을 것이기 때문에 모르실 겁니다. 수술이 잘 되길 기원합니다."

제롬은 수술실 밖 복도에 저를 옮겨놓고 돌아갔습니다. 그곳은 제가 생각했던 것보다 훨씬 더 적막했습니다. 그곳에 있는 사람은 오직 저 뿐이었습니다. 저는 오른쪽 창밖을 내다보며 제 사무실이 위치한 병원의 다른 쪽을 바라보았습니다.

심란한 마음으로 누워서 기다릴 때 제 왼쪽으로 문이 열리는 소리가 났습니다. 똑같은 옷을 입은 세 사람이 나타났습니다. 노란 가운, 수술용 모자, 그리고 마스크. 제 심장이 요동쳤습니다. 한 사람이 마스크를 내리고 "안녕하세요 혜선, 마음의 준비가 되셨나요?"라고 물었습니다. 저는 바로 앉아 그 사람이 누구인지 알아보려고 애를 썼습니다. 그런데 그 사람은 바로 제 전담의였습니다.

"어머나, 그레이스, 선생님이셨군요. 그렇게 입고 계시니 너무 달라보여요."

"더 나은 쪽으로요 아니면 나쁜 쪽?" 그레이스는 큭큭 웃으며 묻고, 저를 수술 팀에게 차례로 소개시켜주었습니다. "자, 이제 들어오시죠"라고 말하며 그레이스는 마치 자신의 거실로 저를 초대하는 몸짓을 했습니다.

그레이스는 제가 간이침대에서 일어나 앉을 수 있도록 도왔고 우리는 함께 수술실로 걸어 들어갔습니다. 그런데 그곳은 제가 상상했던 것과 전혀 달랐습니다. 조명은 밝았고, 벽은 노란 페인트가 칠해져 있었으며, 방 가운데 작은 메탈 침대가 놓여 있었습니다. 그곳은 제가 TV에서 보던 것처럼 차갑게 보이지 않았습니다. 수술팀이 준비를 하는 동안 그레이스는 제게 수술대 위에 눕도록 권했습니다.

"수술대가 조금 차가울 수 있어요. 대신 당신을 위해 따뜻한 베개를 준비했습니다."

아마도 제가 너무 긴장해서 행동이 굼떠 보였는지 그레이스는 제 바로 옆으로 와서 앉으며 "괜찮아요?"라고 물었습니다.

그레이스는 울컥해 눈물이 그렁그렁 맺힌 제게로 다가와 움켜쥔 제 손을 잡아주었습니다.

"혜선, 내가 여기 있잖아요. 수술 하는 동안 내가 여기에 계속 있을 겁니다. 걱정하실 필요 전혀 없어요."

수술이 끝나고 제가 처음으로 기억한 것은 수술실에서의 마지막 순간이었습니다. 그레이스는 저를 똑바로 쳐다보며 한쪽 손으로 마취 마스크를 제 얼굴에 씌우고, 다른 한 손으로는 제 손을 꼭 잡아 주었습니다. 저는 이 모든 것을 '사랑'이라는 말로밖에 표현할 수가 없습니다.

"만일 여러분이 그들에게 무엇이 중요한지에 대해 궁금해 한다면, 그것은 그들이 관심 있는 것, 중요하게 생각하는 것, 그리고 그들의 마음을 움직이게 하는 것에 대해 말할 수 있는 대화에 초대하는 것입니다."

🔵 이야기 너머의 이야기가 될 수 있도록 큐레이팅(curating)하기

사람들이 제게 자주 묻는 질문 중 하나는 제가 코칭을 어떻게 정의하는가에 관한 것입니다. 저는 "목적과 가능성, 그리고 진전(progress)에 관한 이야기들을 큐레이팅하는 것"이라고 답합니다.

"큐레이트(curate)"라는 단어의 라틴 어원은 보살핌 또는 돌봄(care)을 의미하는 *cura*입니다. 실제로 우리는 코칭에서 관심갖는 이야기를 선별하고, 이것을 큐레이팅하는 대화를 나눕니다. 이는 우리 자신과 타인을 돌보기 위한 적극적인 선택입니다. 치유(cure)와 같은 단어가 *cura*와 같은 어원에서 파생되었다는 것은 놀라운 일이 아닙니다. 어떤 사람들은 대화를 달갑지 않은 이야기와 이로 인해 파생된 다른 이야기로 상처받은 마음을 치료하는 체험으로 정의하기도 합니다. 이러한 치유의 대화는 청자(listener)가 최대의 "호기심(curiosity)"을 가지고 대화에 임할 때 가능해집니다. Curiosity(호기심)의 중심에도 돌봄을 의미하는 *cura*가 있는 것을 볼 수 있습니다.

여러분이 누군가로 하여금 자신의 목적(원하는 것)과 가능성, 그리고 진전의 이야기를 큐레이팅할 수 있도록 돕는 대화를 나누고 있다고 상상해 보세요.

AJ: 음, 저는 지금 부정적인 생각의 패턴에 사로잡혀 있습니다. 오래된 레코드가 제 뒤에서 계속해서 울려대요. 어떤 날은 다른 날보다 더 크게 들립니다.

코치: 아, 그렇군요. 그것에 대해 조금 더 얘기해 주세요.

AJ: 부정적인 생각의 패턴은 계속해서…

코치:	아니요, 제가 여쭌 것은 다른 날은 좀 더 소리가 크게 들리는 때가 있다고 말씀하신 부분이에요.
AJ:	네, 정말로요, 어제 같은 날이에요.
코치:	그러면, 어제처럼 크게 들리지 않는 날도 있다는 말씀이시네요.
AJ:	네, 그렇긴 하지요.
코치:	그러면 다른 날보다 더 조용한 그런 날에 대해서 말씀해 주실 수 있으세요.
AJ:	음… 그런 일은 주로 제가 친구들과 있을 때 일어나곤 하죠. 아니면 제가 집중을 해야 하는 급한 프로젝트가 있거나요.
코치:	그러면, 친구들과 함께 계시거나 집중해서 해야 할 프로젝트가 있을 때에는 선생님의 오래된 레코드가 조용해지는군요.
AJ:	맞아요, 그렇죠. 왜냐하면 제가 뭔가에 몰두해 있기 때문이에요. 특히 친구들과 있을 때요. 친구들은 저에 대해서 잘 알고 있고, 그들 앞에선 제가 다른 사람인 척 행동할 필요가 없죠.
코치:	아… 그런 것이 도움이 되는군요.

코치로서 여러분이 궁금해 하는 주제는 대화를 나누는 상대의 관심을 집중하게 합니다. 만일 여러분이 클라이언트의 문제에 관심을 보인다면 그들의 잘못된 것, 잘되지 않는 것, 방해가 되는 것 등에 대해 더 자세히 들여다 볼 수 있는 길로 대화를 이끄는 것입니다. 반면, 만

일 여러분이 그들에게 무엇이 중요한지에 대해 궁금해 한다면, 그것은 그들이 관심 있는 것, 중요하게 생각하는 것, 그리고 그들의 마음을 움직이게 하는 것에 대해 말할 수 있는 대화에 초대하는 것입니다.

Reflection Guide

살아가며 어떤 사람들이 자신을 진심으로 이해하고, 또 자신도 그들을 이해하는 것처럼 느낄 수 있습니다. 의미 있는 방식으로 연결되고 이해되었다고 느껴지는 그러한 순간과 상호작용에 대해 생각해 보세요.

- 그들의 행동이 당신에게 의미가 있었던 이유는 무엇인가요?
- 그들과의 상호작용에서 그들이 당신에게 진심으로 관심(care)이 있다는 것을 어떤 방식으로 경험했나요? 반대로 그들은 그들에 대한 당신의 관심을 어떻게 경험했을까요?

흔히들 스케줄이나 은행 지출 기록에서 우리의 관심을 볼 수 있다고 말합니다.

- 현재 당신의 캘린더는 당신의 시간이 어디에 쓰이고 있음을 알려주나요?
- 당신이 관심 있어 하는 것을 중심으로 자신만의 캘린더를 디자인한다고 상상해 보세요. 스케줄이 지금과는 어떻게 달라질까요?
- 최근 당신이 가장 관심 있어 하는 것을 의도적으로 계획하고 실행했던 적은 언제였나요?

Difference
변화, 차이

미래의 긍정적 변화에 관한 소망을 활성화하고

과거의 긍정적 경험을 강조하기

제가 참석했었던 한 학회의 이른 아침 세션에서 있었던 일입니다. 사회자는 참가자들을 여러 그룹으로 나눈 후 자신이 준 아이스브레이킹 질문에 대해 토론해보라는 제안을 했습니다. 제가 좋아하는 류의 질문은 아니었습니다. "만약 로또에 당첨이 된다면 지금 하시는 일을 그만두시겠습니까?" 저는 하기도 싫고, 인상적이지도 않은 질문에 대한 대화를 위해 제 상대를 향해 돌아앉았습니다.

"그렇게 하시겠어요?"라고 묻는 제 상대의 목소리와 모습은 이른 아침치고는 꽤 활달해 보였습니다.

저는 "아니요."라고 대답했습니다. "선생님은 어떠세요?"라고 묻고, 의자에 기대 앉아 커피 한 모금을 마셨습니다.

"저는 그럴 것 같습니다."

"그래요? 놀랍네요."라고 말했지만 놀랐다기보다는 의심의 목소리에 더 가까웠습니다.

저는 계속해서 "어떻게 그렇죠?" "하시는 일을 좋아하는 것처럼 보이는데요."라며 대화를 이어갔습니다.

"그러게요, 좋아하죠."라고 가라앉은 목소리로 답한 후 그녀는 창

- 49 -

밖을 응시하며 말했습니다. "그렇지만 제겐 더 하고 싶은 일이 있어요."

이후 몇 분간 저는 제 대화 상대에 대해 많은 것을 알게 되었습니다. 그녀의 이름은 크리스였습니다. 그녀는 로또 당첨금으로 넓은 땅을 사겠다고 말했습니다. 캠핑장을 지을 수 있을 정도로 큰 땅이어야 한다고 했습니다.

"아, 그리고 말과 유기견, 어쩌면 소도 키우는 농장을 지을 수도 있을 겁니다."라고 말하며 다시 창밖을 응시했습니다. 캠핑장에는 오두막을 많이 만들어 여름방학 캠프나 휴가철에, 또 컨퍼런스나 수업에 활용할 수도 있을 것이라고 했습니다. 더불어 농장에서 일할 수 있는 많은 사람들에 대한 고용을 창출할 수도 있을 것이라 했습니다.

그녀는 "그리고"라고 말을 이어가며 저를 쳐다보았습니다. "우리는 그곳에서 발달장애를 가지고 있는 어린이들과 가족들이 와서 맘 놓고 즐기며 시간을 보낼 수 있도록 할 수도 있을 겁니다."

저는 고개를 끄덕였고, 제 마음에는 그녀가 방금 한 바로 그 말의 울림이 남아 있었습니다. 그래서 저는 그 순간 제가 코칭에서 자주하는 질문을 했습니다. "그렇군요. 좋습니다. 그러면 그것이 선생님에게 왜 그렇게 중요한가요?"

그 질문에 관한 생각에 잠긴 크리스의 안경이 아침 햇살에 반짝였습니다.

"아이들을 위해서요. 저는 아이들이 그곳에서는, 그저 있는 그대로의 그들 자신일 수 있길 바랍니다. 가족들을 위해서는, 짧지만 큰 휴식이 될 수 있겠지요."

"가족들에게는 짧은 휴식을, 아이들에게는 그저 있는 그대로의 그들일 수 있게요."

"네."

"그게 그들에게 중요한 것인가 보죠?"

"네, 그럼요. 그것은 아주 큰 차이를 만들 겁니다."

"어떤 차이를 만들어 낼까요?"

"아이들에게는, 자기들도 어딘가에서는 있는 그대로 받아들여진다는 것을 알게 되죠."

"있는 그대로 받아들여지는 것이요. 알겠어요."

"네, 그리고 가족들에게는요. 그들이 혼자가 아니라는 것을 알게 될 겁니다."

"와우!"

"그렇게 되면 아이들은 그곳에 참여하고, 기여하게 될 겁니다."

"이것에 관해 생각을 많이 하신 것 같아요."

"네, 물론이죠."

"그것이 선생님이 진정으로 관심 있어 하는 일인 것 같아요. 그러면 선생님에게는 이런 일을 하는 것이 어떤 차이를 만들까요?"

우리에게 주어진 10분이 너무 빨리 흘러 버렸습니다. 사회자는 의자를 돌려 다시 앞을 향해 앉도록 했습니다.

그때 크리스는 "로빈이 저를 자랑스러워 할 것이라는 것을 알게 될 겁니다."라며 속삭이듯 말했습니다.

"로빈은 누군가요?"

"제 동생입니다. 농장은 로빈을 기념하는 일이 될 것입니다."라고 말하는 크리스의 얼굴에는 미소가 가득했습니다.

"코칭은 질문을 달리하는 것이라기보다는, 다르게 듣는 것이라고 할 수 있습니다."

● 클라이언트의 길(자취, 흔적) 뒤따라가기

크리스와 저의 대화가 로또 당첨에 관한 것에서 동생 로빈을 기억하고자 하는 언니의 따뜻한 소망에 관한 것으로 어떻게 옮겨갔는지에 대해 궁금해 하실 수 있을 것 같습니다. 크리스가 진정으로 원하는 것을 알아내는 것에는 약간의 우회(detour)가 필요했습니다. 로또에서 농장으로, 농장에서 가족으로, 발달장애아를 위한 오두막에서 로빈을 기념하는 것으로요. 그렇지만 어쩌면 이 모든 것이 우회가 아니었을지도 모릅니다. 어쩌면 크리스가 진정으로 관심(care)있어 하는 것을 알 수 있도록 한 대화의 지름길(shortcut)이었을지도 모릅니다. 우리가 어떻게 그곳에 다다랐을까요? 제가 한 것은 처음에 크리스가 원하는 것에 대해 말했을 때 그것이 어떤 긍정적인 차이를 만들지에 대한 그녀만의 '길(trail)'을 뒤따랐을 뿐입니다. 로또에 당첨되고 하던 일을 그만두는 것에 대한 것처럼요. 이후 저는 농장을 사고 캠핑장을 짓는 것 같은 행동이 어떤 차이를 만들지에 대한 그녀의 길을 따라갔습니다. 크리스와의 대화 말미에 그녀가 진정으로 관심 갖는 것은 무엇처럼 보였나요? 제게는 로또에 당첨되는 것이 아니라 동생에 대한 기억을 기념하고자 하는 언니의 소망이었습니다.

사람들은 종종 자신의 삶에서 달라지길 원하는 것에 대해 말합니다. 만일 내 가족이 달랐다면? 직업이 달랐다면? 다른 것을 선택했었다면 어땠을까? 상담실이나 사무실, 또는 교실 밖에서 우리는 다른 가능성과 시나리오에 대해, 그렇지만 결국은 만족하지 못하는 현실을 새삼 느끼며 깨어나는 백일몽을 얼마나 많이 경험하나요?

코칭을 하며 제가 배운 교훈 중에 하나는 다르게 듣는 것의 중요함입니다. 사람들이 허황된 백일몽을 꾼다는 생각이 들 때, 만일 여러분이 그들의 꿈을 믿어주고, 그들의 꿈에 대해 궁금해 한다면 어떨까요? 크리스가 로또를 통해 로빈을 생각해 낼 수 있었듯이, 다른 많은 삶 속에서 긍정적인 차이를 끌어낼 수 있지 않을까요? 우리는 뭔가 달라지고 싶다고 말하는 대화 상대의 말에 기초해 그러한 차이가 그들의 삶에서 만들어낼 바로 그 다름은 무엇일지에 대해 궁금해 하며 클라이언트의 말을 따라가며 그것에 대해 물어볼 수 있습니다. 예를 들면 다음과 같이 해 볼 수 있습니다.

- 그러면 당신의 가족이 변했다고 가정해보죠. 당신에게 그것은 어떤 차이를 만들어 낼까요?
- 당신이 원하는 일을 직접 디자인할 수 있다고 가정해보죠. 그 속에서 당신은 어떤 일을 하고 계신가요?
- 다른 선택을 했다고 가정해보죠. 그러면 뭐가 달라졌을까요?

단지 다르게 듣는 것만으로 사람들이 진심으로 원하는 것을 말할 수 있게 되는 것을 보는 것은 꽹장히 놀라운 일입니다. 작을지라도 중요한 변화에 대해 경청하고, 의미를 찾기 위한 그들의 자취와 궤적을 따라가는 것이 우리의 일입니다.

 Reflection Guide

다음의 주제로 자기 자신과 대화를 나눠볼 수 있기를 바랍니다.

- 삶의 어떤 측면에서 긍정적인 변화가 생기길 원하시나요?
- 긍정적인 변화가 진짜로 생겼다고 가정해보죠. 그것이 만들어낼 다른 변화는 무엇일까요?
- 그러한 변화가 여러분과 다른 사람들에게 구체적으로 어떤 영향을 미칠까요? 그것이 당신에겐 왜 그렇게 중요하고 의미 있는 일일까요?

Else
또 무엇이 있을까?

아직 고민해보지 않았거나 적절하다고 생각하지 못했던
다른 관점과 자원을 생각할 수 있도록 초대하기

큰 조카인 제레미가 초등학교 2학년 때 갑자기 많은 눈이 내려 학교로 겨울 부츠를 가져다 줘야 했던 일이 있었습니다. 교실로 걸어가며 살짝 열려있는 문을 통해 흘러나오는 선생님의 목소리가 들렸습니다.

"자, 그러면, 3에서 시작해서 9까지 올라갈 수 있는 방법이 뭐가 있을까?"

수학은 제가 좋아했던 과목은 아니었습니다. 아마도 수학을 배운 방식 때문이었을 겁니다. 또 어쩌면, 쓸 데 없어 보이던 문제를 계속해서 풀어야 했던 경험과 기억해야 할 공식이 너무 많았기 때문일 수도 있습니다. 제게 수학은 이야기도, 창의성이 개입할 여지도 없는 그런 과목이었고, 정답은 오직 맞거나 아니면 틀리는 방식이었습니다. 그래서 제레미의 선생님이 수학과목을 진행하시는 방식을 들었을 때 저는 놀라움을 금치 못했습니다.

"그래, 제레미가 답해볼래?"라고 선생님이 말씀하셨습니다. 제 조카가 손을 들었던 것이 틀림없습니다. '그래, 조카야, 잘 했다!'

"4를 더하면 됩니다."라고 제레미가 대답하는 것을 들었습니다.

'잘했다!'

그런데, 잠깐! '4를 더한다고? 그러면 9가 아니라 7이 되잖아! 틀렸잖아.'라고 생각하며 저는 선생님이 제레미의 답을 고쳐주기를 기다리고 있었습니다.

"좋아요, 또 다른 방법(what else)은 뭐가 있을까요?"라고 선생님이 물었습니다.

'잠깐만, 뭐라고? "또 다른 방법"은 뭘 의미하지?'

"우리가 9로 갈 수 있는 다른 방법에는 또 뭐가 있을까요? 지금까지 우리는 3에다 4를 더했습니다."

선생님이 칠판에 판서를 하는 소리가 들렸습니다.

"3을 더해요" 다른 조그만 목소리가 흘러나왔습니다.

'아이고. 또 틀렸네.'라며 저는 머리를 흔들었습니다.

"저런, 우린 방금 9를 지나쳐 버렸네!"

칠판에 분필이 지나가는 소리 위로 아이들의 웃음소리가 겹쳤습니다.

"우리에게 또 뭐가 필요하죠?" 선생님이 한 번 더 물었습니다.

"1을 빼요!", "마이너스 1!"과 같은 답들이 터져 나왔습니다.

"드디어 우리가 9에 도착했네!"라며 선생님은 기쁘게 외쳤습니다.

"야!"하며 반 아이들은 동시에 소리를 질렀습니다.

"모두 잘 했어요! 우리 한 번 더 해볼까요?"

"네!"라고 외치는 아이들의 모습이 믿겨지지가 않았습니다.

"대화는 가장 좋은 하나의 선택을 결정하는 것이 아닌 더 많은 선택을 구축하는 과정입니다."

● 둘 중 하나가 아닌 둘 다의 사고로 옮겨가기

저는 단 하나의 옳은 답을 찾기 위해 노력하는 사람들을 만나본 적이 많습니다. 예를 들면, 자신의 양육방식에 대해 의심하며 지쳐있는 부모님, 자신들의 의사결정에 대해 의심하는 회사의 임원들, 또 의미있는 일을 찾기 위해 계속해서 방황하고 있는 사람들입니다. 그들 중 많은 사람들은 대화를 시작하며 "저는 그냥 제가 지금 옳은 일을 하고 있기를 바래요."라고 말합니다.

옳고 그름에 대한 기준이 정확해 오직 하나의 답만을 찾고 있는 사람들에게 여러분은 뭐라고 하시나요? 이러한 질문에 하나의 답을 할 수만 있다면 우리의 삶은 훨씬 단순해지겠지요?

저는 지쳐있는 부모님께 "자녀를 양육하는 방식으로 그러한 선택을 하셨던 좋은 이유가 분명히 있었을 텐데요."라고 말합니다. 그런 후 "자녀가 그러한 경험에서 무엇을 배웠길 바라셨나요?"라고 묻습니다. 눈물이 그렁해진 부모님은 선택은 언제나 결과를 수반한다는 것을 배웠으면 좋겠다고 했습니다. 어머님은 한숨을 쉬며 "저도 아이가 지금은 그러한 결정에 대해 저를 원망할 것을 잘 알고 있어요, 그렇지만 언젠가 제게 고맙다고 말할 겁니다."라고 말했습니다.

자신의 결정을 의심하는 임원에게 저는 "다른 사람의 삶에 영향을 미치는 결정을 내리기는 쉽지 않은 일입니다."라고 말했습니다. 이후 "이사님이 올바른 방향으로 나아가고 있다는 것을 알려주는 또 다른 신호는 무엇이 있을까요?"라고 물었습니다. 이 리더는 단기간의 이익보다는 직원을 위해 내린 자신의 결정에 대해 자랑스럽다는 확신으로 반응했습니다. 그럼에도, "그렇지만 모든 사람이 그렇게 생각하거나 동의하는 것은 아닙니다."라며 부정의 반응을 보였습니다. 저는 "직원을 생각하는 이사님의 마음을 또 누가 알고 있을까요?"라고 물었습니다. 잠깐의 침묵이었지만 아주 무거운 시간이 흘렀습니다. "저와 가장 가까운 주변사람들이요. 그들이 저를 신뢰하고 제 곁을 지켜준다는 것이 제게는 정말 큰 의미입니다."라고 말하며 그는 인자한 미소를 지었습니다. "그게 제게는 중요한 일입니다. 생각해보니 제가 생각보다 잘 하고 있는 것 같군요."

저는 젊은 구직자에게 "뭔가 의미 있는 일을 했을 때 특별한 감정이 느껴졌던 그런 경험을 해본 적이 분명히 있었던 것 같은데요."라고 물었습니다. "또 그런 감정을 느낀 적이 언제 있었나요?" 그는 자신보다 더 큰 무엇인가에 기여한다는 생각이 들 때 그런 감정을 느꼈었다고 말했습니다.

비록 이들의 이야기는 서로 달랐지만 이들과의 대화에서 제 마음이 따뜻해진 이유는 대화가 모두 같은 지점에서 끝났기 때문입니다. "생각해 보니 제가 이미 잘 하고 있었네요."

 Reflection Guide

여러분이 여러 관점에 대해 생각해볼 수 있는 몇 가지 질문과 활동을 소개합니다.

- 여러분이 결정을 하고 난 후 대단히 큰 결정이었다는 것을 알게 된 작은 결정에 대해 생각해보세요. 그러한 경험에서 무엇을 배우셨나요?
- 여러분에 대한 기억에 남을만한 이야기는 무엇인가요? 그것에 대해 다르게 해석해볼 수 있는 여지는 무엇일까요?
- 그 기억 속에서 어린 모습을 한 여러분을 만난다고 가정해보세요. 그에게 어떤 지혜의 말과 격려를 해주고 싶은가요?

First
첫 신호

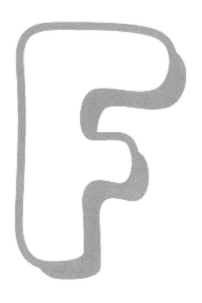

사람들이 익숙하지만 원치 않는 패턴에서, 낯설지만

원하는 방향으로 나아갈 수 있도록

작지만 중요한 터닝포인트에 주목하기

저는 삼남매 중 막내입니다. 이것은 제가 뭔가를 직접 배우기 전 간접적인 경험을 통해 더 많은 것을 배웠음을 의미합니다. 말을 하는 것부터, 수를 세고, 읽고 쓰기를 배우는 것 등을 옆에서 보고 배우며 저는 언니 오빠보다 더 많은 것을 더 빨리 알게 되었습니다. 어머니는 제가 생각보다 더 빨리 배우는 것을 기뻐하셨죠. 그렇지만 어머니의 기쁨은 아마도 제가 10대가 되기 전 10대인 척하는 법을 배우기 전까지만이었을 겁니다. 저는 아무 이유 없이 집안을 휘젓고 다녔습니다. 헤드폰의 음악을 최대로 올리고 길게 늘어진 후드티를 입고 어른들의 질문에는 "몰라요."나, 더 쿨해 보이고 싶을 때는 "뭐래."라고 대답하곤 했습니다. 혹시 여러분도 그런 적이 있었나요?

기분이 상한 어느 날 저는 아무 이유도 없이 어머니에게 도전하는 기술을 연습해 보기로 했습니다. 저는 어머니가 저녁준비를 하시는 부엌으로 들어가 물 한잔을 집어 드는 척 했습니다.

어머니는 "어, 너구나. 배고프니?"라며 웃으며 물으셨습니다. 저는 뭔가 너무 분명한 것을 질문하기 전 우선 어깨에 힘을 좀 주었습니다. "엄마, 제가 셋째 중 막내죠, 그렇죠?" 어머니는 "그렇지, 그럴 가능성이 높지."라며 농담을 던지셨습니다. "그러면, 엄마는 다른 두 자녀를 키워본 경험이 이미 있으신 거네요, 그렇죠?"

어머니는 "그렇게 볼 수 도 있겠네, 흥미로운 방식이구나."라며 깊은 생각에 빠지신 듯 보였습니다.

바로 그때가 제가 미리 준비한 대사를 날릴 때였습니다. "그러면 엄마는 어째서 저를 더 잘 키우지 못하신 거죠? 엄마로서 역할을 더 잘 하실 수도 있었잖아요."

어머니는 좀 놀란 표정으로 저를 쳐보다셨습니다.

"그래, 좋은 지적이구나."라고 하시며 어머니는 고개를 갸웃거렸습니다. "그렇지만 너를 키우는 건 나로서도 처음 해보는 일이다. 그리고 매일 매일 네가 더 너다워져 가며 아직도 너에 대해 알아가고 있는 중이지."

저는 우두커니 서있었고, 어머니의 미소는 더욱 커졌습니다. 어머니가 그렇게 나올 것을 짐작도 하지 못했습니다. 솔직히 어머니의 반응은 저를 당혹스럽게 만들었습니다. 저는 아무렇지도 않은 듯 돌아섰습니다. 방으로 돌아가 큰 소리가 나게 문을 닫으려고 했을 때 제 분노는 이미 식어버렸고, 대신 한 뼘 더 성장한 것을 느낄 수 있었습니다. 복도를 지나 방으로 돌아와 문을 닫을 때까지 어머니는 저를 따뜻한 눈으로 바라보고 계셨습니다.

"우리에겐 우리 자신이 누구인지, 다른 사람들은 누구인지, 그들은 무엇을 하는지, 그리고 우리는 무엇을 하고 있는지에 대한 우리의 믿음을 지지해주는 증거를 찾으려는 경향이 있습니다."

● 희망의 신호(signs)를 강요하기보다 가정해보기

많은 첫 경험을 기억하실 겁니다. 첫 데이트, 첫 차, 첫 직장 등과 같은 것이죠. 많은 부모님이 자녀가 처음으로 말을 옹얼거리고, 첫발을 내딛기를 얼마나 고대하며 기다리는지 아실 겁니다. 그렇지만, 곧 자녀는 말을 너무 많이 하고, 또 너무 빨리 뛰어다니는 존재가 되지요. 처음의 그 기쁨은 금세 사라져 버립니다. 저에게 가장 기억에 남는 사례 중 많은 경우가 바로 그런 기쁨이 사라지는 시간을 겪고 있는 가족들과 함께할 때입니다. 가족들은 서로에게 독재자, 잔소리꾼, 또는 버릇없는 자식이라며 자신이 아닌 다른 사람들의 이야기를 할 준비가 되어서 옵니다.

"아버지의 방식이 아니면 절대 안 되요."라며 버릇없다는 말을 듣는 자녀가 불평을 합니다.

독재자라고 불리는 아버지는 "얘들은 누구의 얘기도 듣질 않습니다."라고 맞받습니다.

가족이나, 팀, 또는 집단이 전쟁과 같은 투쟁에 빠져있을 때 저는 "그러면, 사정이 좀 나아졌음을 알리는 첫 신호는 무엇일까요, 아주 작은 것이라도요?"라며 묻습니다.

"화부터 내기 전에 제 얘기를 먼저 들어주셔야 해요."라며 딸이 분명하게 선언합니다. 아버지는 한숨을 크게 내쉬며 고개를 젓습니다.

"그러면 아버지가 그렇게 한다고 가정해봅시다. 따님이 해야 할 말을 아버지가 들어주신다면, 그것이 따님에게는 어떻게 도움이 될까요?"

"그러면… 그건 마치… 아버지를 다시 신뢰할 수 있게 될 것 같아요"라고 말하며 딸은 얼굴을 살짝 찌푸리는 아버지를 쳐다봅니다.

"그러면 아버지를 다시 신뢰하게 될 때 따님이 다시 하게 될 일에 대해 몇 가지만 말해주세요."

긴 침묵이 흐릅니다. 마치 그들의 숨이 멈춘 것 같은 그런 시간입니다.

"사실, 그렇게 된다면 아버지께 다시 조언을 구할 것 같아요."

아버지는 살짝 놀란 표정을 보이며, 두 사람은 짧은 눈빛을 교환합니다.

우리에게 잘 알려진 확증 편향(confirmation bias)이 우리의 대화를 방해하는 경우가 많습니다. 우리는 자신의 믿음을 지지해줄 증거를 찾는 경향이 있습니다. 위의 사례에서처럼 우리가 서로를 부르던 명칭이 바로 그런 것입니다. 독재적인 아버지에게 더 많은 폭정을 찾을 수 있고, 시건방진 자녀로부터 더 많은 오만함이 나타납니다. 그것은 마치 편향된 증거로 만들어진 실타래를 만들어 우리가 누구인지, 그들이 누구인지, 그들이 무엇을 하는지, 우리가 무엇을 하는지에 관한 이야기를 엮어내는 것과 같습니다.

제가 이 가족에게 그랬던 것처럼 여러분이 첫 신호에 대해 또는 처음 일어날 일들에 관해 물을 때 그것은 종종 그들이 엮은 이야기 덩어리의 매듭을 푸는 것과 같습니다. 직장에서라면 상사가 직원에게 "팀원과 ××님의 관계가 좋아지고 있음을 알리는 첫 신호는 뭐가 될까요?"라고 물을 수 있습니다. 학교에서라면, 선생님이 학생에게 "이 과목에서 네가 좋아지고 있다는 것을 알리는 첫 신호는 뭐가 될까?"라고 물을 수 있습니다. 병원에서 일하는 의료진이 회복 중인 환자에게 "××님이 회복되고 있음을 알 수 있었던 첫 신호는 무엇이었나요? 앞으로 어떤 신호가 더 나타날까요?"라고 물을 수 있습니다.

이런 질문에 대해 생각하며 사람들은 전에는 볼 수 없었던 것들을 보기 시작합니다. 사람들은 이제 그들이 원하는 모습을 보기 시작합니다. "첫"이라는 단어는 사람들이 익숙한 상호작용을 다른 방식으로 다시—볼 수 있도록(re-looking) 초대합니다. 다시—볼 수 있는 행위를 있는 그대로 영어로 표현할 때 re(again-다시) + spect(look-보기), 즉 "존중(respect)"이라는 단어가 된다는 것이 놀랍지 않습니까?

 Reflection Guide

다른 여러 상황은 우리에게 무엇을 배웠는지와 무엇을 바라는지에 대해 성찰할 수 있는 기회를 제공합니다. 특히 우리가 힘들었던 과거나 암울한 미래에 관해 고민할 때 좀 더 유용한 관점으로 그러한 상황을 다시-볼 필요가 있습니다.

- 도전이 될 정도로 힘들었던 상황을 다시 생각해볼 때, 상황이 나아지고 있었다는 것을 알리는 첫 신호는 무엇이었나요? 잘 대처하고 있는 자신의 모습은 자신에 대한 다른 무엇을 말해주나요?
- 앞으로 도전이 될 만한 상황에 대해 미리 생각해 볼 때, 여러분이 올바른 방향으로 나아가고 있음을 알려줄 첫 신호는 무엇이 될까요?

Good Enough
이미 충분함

삶을 가치 있게 만드는 각자의 수단을 존중하기

제가 해야 할 일은 믿을 수 없을 정도로 간단한 것이었습니다. 그것은 겨우 두 살배기를 목욕시키는 것이었습니다. 두 명의 조카를 보살피는 책임을 맡았고, 네이선을 목욕시킬 시간이었습니다. 목욕을 시키는 것을 본 적은 있지만, 사실 저 혼자 해본 적은 처음이었습니다. 저는 '어려우면 얼마나 어렵겠어?'라고 생각했습니다.

"목욕할 시간이다."

"야호"라고 외치며 두 사내아이는 아파트 거실을 지나 목욕탕으로 달려왔습니다. 네이선은 노란 고무 오리를 집어 들었고, 제레미는 디즈니 목욕 수건을 가져왔습니다.

"좀 들어가자 얘들아."라고 하며 저는 비좁은 욕실 안으로 헤집듯 들어섰습니다.

오른쪽 아래로 애들의 손자국이 가득한 거울 약상자 캐비닛이 매달려 있었고, 그것은 그것이 자주 쓰였다는 증거이기도 했습니다. 욕조와 개수대 사이에 낮고 조그만 변기가 자리하고 있었습니다. 욕조에는 빨강과 파랑으로 표시된 온수와 냉수가 하나로 붙어있는 수도꼭지가 있었고, 그 아래로 여기저기 흩뿌린 물 자욱이 남아 있었습니다. 빨간

온수 손잡이 아래로 물마개가 체인에 매달려 있었습니다.

저는 "좋다, 우선 물을 좀 받아볼까."라며 마개로 배수구를 막았습니다.

"좋아요."라며 다섯 살 제레미가 말했습니다.

"좋아요."라고 따라하던 두 살 네이선은 고무 오리를 들고 수영을 할 채비를 하고 있었습니다.

빨강 손잡이는 끽 소리를 내며 돌아갔고 물이 쏟아지기 시작했습니다. 다음으로 파란 손잡이를 틀었는데 뜨거운 물 사이로 차가운 물이 충분히 나오고 있는지에 대해선 알 수 없었습니다. 우리 셋은 쏟아져 나오는 물을 바라보았고, 저는 물이 너무 뜨거울지 아니면 너무 차가울지 걱정하기 시작했습니다.

저는 "물을 측정(measure)할 수 있는 뭔가가 필요해."라며 크게 말하고, 온도계를 찾기 시작했습니다.

제가 아래 캐비닛을 열고 여기저기 둘러볼 때 제레미가 "뭘 찾아요?"라고 물었습니다.

저는 약상자 안을 들여다보며 "물을 잴 수 있는 뭔가가 있을 텐데…"라고 말했습니다.

"아, 제가 어디에 있는지 알아요."라며 제레미가 욕실 밖으로 달려 나갔습니다.

네이선은 저를 쳐다보며 어깨를 으쓱했고, 저는 아이의 머리를 쓸어 만져 주었습니다. 부엌에서 나는 소리와 욕조에 쏟아지는 물소리가 함께 울렸습니다. 잠깐의 정적이 흐른 후 제레미가 비좁은 목욕탕으로 다시 돌아왔습니다.

제레미는 "여기 있어요."라며 노란색 공업용 줄자(retractable tape

measure)를 초보 이모에게 건넸습니다.

줄자를 건네받으며 저는 "헉." 소리를 냈습니다. 저는 궁금해 하며 눈을 껌뻑이고 있는 네이선을 내려다보았습니다.

저는 "좋다, 우리 한번 그것으로 측정해보자."라고 말하며 욕조로 돌아섰고, 제 안경은 수증기로 앞이 보이지 않았습니다. 저는 냉온수 손잡이를 잠그며 제레미에게 "그러면 가서 연필과 종이를 가져오렴."이라고 했습니다.

"좋아요."라며 제레미가 뛰어나갔고, 네이선은 뒤뚱거리며 형을 따라갔습니다.

저는 "뛰지 말고 걸어야지."라며 아이들을 조심시켰습니다.

제레미는 노트와 펜을 가지고 타닥거리며 돌아왔습니다. 네이선은 고무 오리를 가지고 바로 뒤따라 들어왔습니다. 제레미는 펜의 뚜껑을 열고 받아 적을 준비를 했습니다. 저는 줄자로 욕조 주변을 쟀습니다.

"가로는 45인치구나."

길이를 재는 동안 제레미는 "사…십…오."라며 노트에 그리듯 받아적었습니다.

"폭은 30인치."

제레미는 "삼…십."을 반복하며 적었고, 네이선은 그사이 변기 위에 올라앉았습니다.

저는 높이를 재기 위해 허리를 굽혔고, 변기 위에 앉은 네이선은 지루해하며 한쪽 팔을 제 어깨에 기댔습니다.

"높이는 20인치네."

제레미가 "이십…"이라며 그것을 받아 적을 때 저는 더는 참지 못하고 투덜대며 일어나 줄자가 감겨 들어가도록 했습니다. 제레미는 이상하다는 듯 저를 쳐다보았습니다.

"제레미, 이렇게 하는 것은 내가 필요한 정보를 주지 못해."

"엥?" 제레미는 당황했습니다. "무슨 말이에요?"

"그러니까… 나는 물의 온도를 측정해야 하는 거야. 네이선이 목욕을 하는데 이 물이 너무 뜨거운지 차가운지 모르겠거든." 저는 제레미에게 뭔가를 가르칠 수 있는 순간(teaching moment)을 놓치고 싶지 않았습니다. "물 온도를 재기 위해서는 어떻게 해야 하지 제레미?"

제레미는 동생을 쳐다보며 "아"라고 말했습니다. "그건 쉬워요. 네이선에게 물어보면 돼요. 목욕은 네이선이 하는 거잖아요." 저는 소매를 걷고, 물에 고무 오리를 집어 던지는 네이선의 모습을 그저 물끄러미 바라보았습니다.

여전히 소매를 붙잡고 있던 네이선이 "잠깐만 기다리세요."라고 말했습니다. 조금 지나자 네이선은 다른 쪽 손으로 오리를 집어 들었습니다. 네이선은 오리의 배 부분을 확인한 뒤 제게 보여주었습니다.

"목욕하기에 적당해요."

저는 거기에 서서 배에 온도 감지장치를 부착한 오리를 보며 아무 말도 하지 못하고 서 있었습니다. 네이선이 탕 속으로 뛰어 들어갈 때 저는 엄지손가락을 들어 올리며 고개를 끄덕일 뿐이었습니다.

"여기까지 어떻게 도달하셨나요?"라고 묻는 것은 자신의 삶에 대한 사람들의 논리를 말하게 합니다. 우리는 그저 사람들이 무엇을 원하는지, 그들에게 무엇이 중요한지 그리고 무엇에 관심이 있는지에 대해 경청합니다."

🔵 "거기까지 어떻게 갈 것인가요?"보다 "여기까지 어떻게 오실 수 있었나요?"에 대해 더 자주 묻기

사람들은 뭔가를 할 때 대개는 더 많이, 또 더 잘하기를 원합니다. 부모님은 자녀를 위해 뭔가 더 해주고, 더 잘 키우기를 원합니다. 매니저는 팀이 더 생산적으로 양질의 결과를 만들어 낼 수 있도록 격려하길 원합니다. 학생들도 학교에서 더 많이는 아니겠지만, 더 잘하기를 원하겠죠?

어떤 젊은 매니저는 제게 "할 수 있는 최선을 다하기를 원합니다."라고 말했습니다.

"좋습니다. 1에서 10 사이의 척도가 여기에 있다고 해요. 10은 당신이 상상할 수 있는 최선을 다하는 것이고, 1은 그 반대입니다. 오늘 이 척도 위 어디쯤 있나요?"라고 제가 물었습니다.

"음, 아마도… 오늘은 6 정도입니다."라고 말했습니다.

자 이제 어떻게 해야 하죠? 여기에서 여러분은 어떻게 대화를 이어가시나요?

별 뜻 없이 많은 경우 사람들은 왜 10이 아니고 겨우 6에 있는지를 묻습니다. 또는 10 이하 어떤 수라도 그들이 선택한 다른 숫자에 대해 왜 그런지에 대해 계속해서 묻습니다. 이렇게 묻는 사람들에겐 뭔가가 부족해 보이기 때문입니다. 우리는 이것을 결핍 프레임(a deficit frame)이라고 부릅니다. 그들은 10 이하의 어떤 숫자도 충분하지 못하게 느끼기 때문에 완벽한 상태인 10에 다다르기 위해 클라이언트가 무엇을 해야 할 필요가 있는지 계속 계획을 세우고자 합니다. 그런 생각을 멈출 수 있다면 뭐가 달라질까요?

저는 이런 경우 "아, 당신은 벌써 6점에 와계시는군요. 6까지 오기 위해 어떻게 하셨나요?"라고 묻습니다.

"글쎄요, 제 생각엔 우리가 지난번 얘기를 나눈 이후 좀 나아진 부분이 있었던 것 같습니다." 그 매니저는 자신이 1이나 2, 또는 5가 아닌 6에 와있는 이유에 대해 계속해서 얘기했습니다. 그 매니저는 이미 뭔가를 가지고 있는 사람입니다. 우리는 이것을 자원(또는 강점) 프레임(a resource frame)이라고 합니다.

사람들은 자원의 프레임을 통해 스스로 만들어 낸 변화에 대해 기억하고, 또 그들은 다른 사람 또는 무엇인가가 그들의 변화가 만들어질 수 있도록 도왔다고 말하기도 합니다. 척도는 이미 만들어진 변화 또는 진전에 대한 하나의 메타포(metaphor)입니다. 우리의 관심은 척도 위에서 지금보다 더 높은 점수로 어떻게 올라갈 것인지보다, 어떻게 지금의 점수에 도달할 수 있었는지에 있습니다.

그러면 이제 어떻게 해야 할까요? 여러분의 대화 상대가 그들의 자원과 만들어진 변화에 대해 말할 때 그 대화는 어디로 향하게 될까요? 이럴 때 우리가 자주 느끼는 유혹 중 하나는 우리의 대화 상대가 완벽한 점수인 10에 더 빨리 다가갈 수 있도록 대화를 서두르는 것입니다. 그렇지만 만약 여러분이 그렇게 행동하신다면 여러분은 대화 상대가 지금 척도 위 어디에 있든 그것이 충분하지 않다고 여기는 것입니다. 결핍의 프레임입니다. 대신, 자원의 프레임으로 우리의 질문을 바꿀 수 있습니다.

"그러면, 척도의 어디쯤이셨으면 충분하다고 말씀하실까요?"

"글쎄요… 만약 제가 다음 주까지 6.5에 도달한다면 좋을 것 같네요."

"0.5 정도 더 높게요."

"네, 아주 작은 진전이죠."

"네, 그러면 6.5에 있을 때 당신에 대해 뭔가 잘 되고 있다는 것을 어떻게 알 수 있을까요?"

대화는 어떻게 목표지점에 도달할 것인지에 대해서보다 0.5점이 높아지면 무엇이 좋아질지에 관한 것으로 변합니다. 그렇게 함으로써 사람들은 삶을 살아가는 자신의 논리를 펼칠 수 있고, 여러분의 일은 그것을 경청하는 것입니다. 그들이 무엇을 원하고, 그들에게 무엇이 중요하며, 또 어떤 것에 관심이 있는지에 대해 호기심을 가지고 듣는 것입니다.

 Reflection Guide

우리 삶의 여러 분야 중에서 특히 더 관심 있는 한 분야에 대해 생각해보세요. 그것은 직업, 관계, 습관, 선택, 또는 상호작용 등과 같은 것일 수 있습니다.

- 10에서 1 사이의 척도에서 10은 그 분야에서 내가 최선을 다하고 있음을 느끼는 것이고, 1은 그 반대일 때 오늘 당신은 척도의 어디에 있습니까?
- 어떻게 그 지점에 도달할 수 있었나요? 무엇이 또는 누가 도움이 되었나요? 당신은 그렇게 될 수 있도록 어떻게 기여했나요?
- 다음 4에서 6주 사이에 척도의 어디쯤이면 충분하다고 느끼실까요?
- "충분한" 지점에 있을 때 자신에 대해 다르거나 나아진 것은 무엇일까요?

Hǒpe

희망

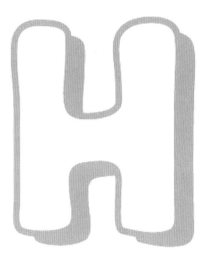

원하는 미래에 대한 자세한 묘사를 통해

실질적인 가능성과 책임감 구축하기

어느 아름다운 토요일 아침 잘 모르는 전화번호로 전화가 걸려
왔고, 저는 억지로 전화기를 집어 들었습니다.

"여보세요…?"

"와, 정말 아름다운 날입니다. 안녕하신지요?"라며 전화를 한 사람
이 말했습니다.

저는 "네, 좋은 아침이네요. 그런데 누구시지요?"라고 물었고, 신
분도 밝히지 않은 채 전화를 한 것에 조금 짜증이 났습니다.

"제 이름은 조이고, 저는 ××에서 일하고 있습니다."라고 했지만
저는 그가 일하는 회사의 이름을 기억하진 못했고, 그것이 텔레마케팅
임을 확신했습니다.

"죄송하지만 저는 판매하려는 어떤 것에도 관심이 없습니다."라고
단호하게 말하고 전화를 끊으려고 했습니다.

그렇지만 그는 급하게 "아닙니다. 저는 아무것도 판매하지 않습니
다. 저는 그저 선생님이 제가 묻는 세 가지 질문에 대해 고려해보시길
바랄 뿐입니다."라고 말했고, 그의 목소리는 확신에 차 있었습니다.
"그것이 선생님의 삶을 바꿀지도 모를 일이지요."

"좋아요, 그러면 들어나 보죠." 저는 삶을 바꾸는 질문이라는 텔레마케터의 말에 진심으로 흥미를 갖게 되었습니다.

"좋습니다. 첫 번째 질문입니다. 삶에서 더 많은 시간을 진심으로 원하는 것을 하며 보내시길 바라지 않습니까?"

너무 터무니없는 질문이었습니다.

"저는 이미 그렇게 하고 있는데요."라고 말하며, 그가 보지는 못했겠지만 저는 황당하다는 표정을 짓고 있었습니다.

그는 "그러세요? 좋습니다. 그러면, 두 번째 질문입니다. 돈을 더 많이 벌고 싶지 않으십니까?"라며 자신 있는 말투로 물었습니다.

저는 "오, 아니요. 저는 이미 충분한 돈을 벌고 있습니다. 더 많은 돈은 필요 없는데요."라고 답했습니다.

그는 "오, 그러세요? 흠, 재밌군요. 사람들은 이 질문에 주로 그렇다고 대답을 하거든요."라며 거의 혼잣말을 중얼거렸습니다. "좋습니다. 마지막 질문입니다. 그러면 좀 더 행복해지고 싶지 않으십니까?"

이 질문에 대해 생각을 좀 해보자면, 이론상으론 저도 제 대답이 '그렇다'여야 함을 알고 있습니다. 완전한 행복이란 있을 수 없다는 것을 인정할 때, 누가 그렇지 않다고 말할 수 있을까요? 온 세상의 담론이 우리는 더 행복해져야 한다고 말하고 있지만, 저는 조의 그 질문이 공평하지 않다고 느껴졌습니다.

"사실, 조, 저는 지금 제 삶에 아주 만족하고 있습니다."라며 저는 단어 하나하나에 힘을 주어 말했습니다. 그냥 전화를 끊어버리는 것은 좀 무례한 것 같아 조의 답변을 기다리고 있었습니다.

"어… 혹시 뭘 하시는지 여쭤봐도 될까요?"라며 묻는 그의 목소리는 한풀 기가 꺾여 있었습니다. "좋아하는 것을 하며 살고, 그것으로 돈도 충분히 벌고, 또 더 행복할 필요가 없다고 하시니 말입니다."

저는 웃으며 "제가 그렇게 말했죠."라고 했습니다. "저는 사람들이 진정으로 원하는 것을 알아낼 수 있도록 돕는 일을 합니다. 그 일을 통해 저는 사람들이 직장과 가정의 관계에서 많은 긍정적인 변화가 생기는 것을 봅니다. 조, 혹시 당신의 삶에서도 긍정적인 변화가 생겼으면 하는 측면이 있나요?"

"네, 물론입니다."

"그것에 대해 좀 더 나은 대화를 할 수 있는 방법에 대해 알고 싶으신가요?"

"그럼요. 어디서 배울 수 있나요?"

저는 웃으며 저의 대학에서 제공하는 코칭 프로그램에 대해 알아보라는 말을 전했습니다.

석 달 후 저는 새 학기를 시작하며 코칭 프로그램을 소개하는 행사를 진행하고 있었습니다. 그날 저녁 꽤 많은 신입생이 참석했습니다. 공식행사와 질문에 답하는 시간을 끝내고 저는 제 가방을 정리하고 있었습니다. 그때 회색 양복을 입은 한 젊은 청년이 저를 향해 걸어오는 것을 보았습니다. 그는 환하게 웃으며 악수를 청하고 자신을 소개했습니다. 그는 "안녕하세요?"라고 말한 후 "저를 기억하시겠어요?"라고 말했습니다. 누구였을까요? 여러분이 생각하시는 것처럼 그 사람은 바로 조였습니다.

"언어는 살아있는 화석과도 같아서 과거의 특정한 이미지를 전달합니다. 그렇지만 그것을 활용하는 지금 또 다른 새로운 이미지를 만들어 낼 수도 있습니다. 희망을 말하지 않는 우리의 언어는 우리를 무기력하게 만듭니다. 여러분은 자신의 언어로 어떻게 희망을 말하고 있습니까?"

● 계속 노력하기

저는 클라이언트들에게 저를 보러온 결과로 달라지거나, 좋아진 결과로 무엇을 보길 희망하는지에 관해 묻습니다. 이때 클라이언트들은 종종 "좀 더 행복해졌으면 좋겠습니다."라고 말합니다. 많은 형태로 나타나겠지만 행복의 추구는 우리 모두에게 단연 인기 있는 주제입니다. 사람들은 좀 더 부자가 되면, 더 똑똑해지면, 더 건강해지면, 더 커지면, 더 날씬해지면, 더 근육질이 되면, 더 나이가 들면, 아니면 더 어려지면 더 행복해질 것이라고 말합니다. 더 어려지길 바라는 사람들이 실제로 있다는 것이 놀랍지 않습니까! "행복(happy)"의 어원을 자세히 들여다본다면 행복을 추구하는 이러한 논리가 놀라운 것은 아닙니다. 명사로서 hap는 기회나 우연을 뜻합니다. 이러한 흥미로운 어원은 해프닝 또는 사고(happening), 우연(haphazard), 또는 우연한 일(happenstance)과 같은 단어에서도 발견됩니다. 즉, 우리의 통제를 넘어서서 일어나는 일들을 뜻합니다.

저는 불치의 병으로 안락사를 고민하고 있던 지나에게 희망과 행복의 차이에 대해서 배울 수 있었습니다. 제가 사는 캐나다에서는 2016년에 적격한 성인이 의료적 안락사를 요청할 수 있는 법안이 만들어졌습니다. 지나에게 저와 대화를 나눈 결과로 무엇이 좋아지거나 달라지길 희망하는지를 물었을 때, 그녀는 "전 제 삶을 잘 마무리하길 바랍니다."라고 말했습니다. 그녀는 어린 두 자녀를 두고 떠나야 하는 두려움과 걱정에 대해 말했습니다. 저는 그녀에게 죽음이 끝낼 수 있는 것은 무엇인지에 관해 물었습니다.

"고통, 짐스러운 존재."

그래서 전 그렇다면 삶을 잘 마무리하고 있음을 어떻게 알 수 있을지도 물었습니다. 지나는 존엄하게 죽기를 바라는 자신의 바람과 가족을 사랑하는 마음을 유산으로 남기는 것에 대해 말했습니다. 그녀는 눈물이 가득한 미소를 지으며, "제 아이들이 진실로 사랑받는 존재였음을 알길 원해요."라고 말했습니다. 그녀의 숙연한 말에 전 어떤 말도 하기 어려웠습니다. 우리의 대화를 마무리하며 그녀는 제 어깨에 손을 올리며, "저도 이것이 행복한 마무리가 아니란 것을 알아요. 하지만 전 이제 희망을 품고 죽을 수 있습니다."라고 말했습니다. 2주 후 그녀는 사랑하는 사람들에 둘러싸여 자신이 선택한 방식으로 존엄한 죽음을 맞이했습니다.

희망을 품고 죽어간다는 그녀의 목소리의 여운이 아직도 남아 있습니다. 그리고 그것은 그녀의 죽음에 대해 제가 이해할 수 있는 일부에 불과할 것입니다. 그런데도, 희망을 품고 마지막 숨을 내쉴 수 있다는 것이 의미하는 바는 무엇일까요? 그런 희망은 어떻게 만들어지는 것일까요?

이 경험 이후 저는 건강과 관련한 저의 코칭 대화를 "희망의 언어"로 표현하기 시작했습니다. "희망을 말하기"라고 부르는 것이 더 정확할지도 모르겠습니다. 이것은 행복이라는 표현이 적절치 않은 상황에서 클라이언트가 희망을 품을 수 있도록 의도적으로 주의를 기울인 채 저의 다음 말을 선택하는 것을 의미합니다. 언어는 살아있는 화석과도 같아서 과거의 특정한 이미지를 전달합니다. 그렇지만 그것을 활용하는 지금 또 다른 새로운 이미지를 만들어 낼 수도 있습니다. 희망을 말하지 않는 우리의 언어는 우리를 무기력하게 만듭니다. 여러분은 자신의 언어로 어떻게 희망을 말하고 있는지요?

Reflection Guide

살아간다는 것은 놀라움의 연속입니다. 여러분은 기대하지 않은 상황에 둘러싸여 있다는 느낌을 받을 수도 있고, 자신에게 "이런 일이 나에게 벌어진다니 도저히 믿을 수가 없네."라고 속삭일 수도 있습니다. 지금까지 해왔던 경험 중 그런 순간을 떠올려 보세요.

- 그 경험을 통해 당신이 진심으로 가치 있게 여기는 것에 대한 어떤 중요한 발견을 할 수 있었나요?
- 그러한 상황에서 당신이 계속해서 노력할 수 있도록 도운 것은 무엇입니까?
- 그러한 상황으로 돌아가 자신에게 말을 할 수 있다고 상상해봅시다. 어떤 말을 해줄까요?

바로 지금 특별한 어려움을 겪고 있는 분들도 계실 겁니다. 그분들께 드리는 질문입니다.

- 여러분이 매일 반복하는 작은 습관을 생각해보세요(예를 들면, 몸을 이완시키거나, 걷기, 차나 커피 마시기, 같은 머그잔이나 컵 사용하기, 글쓰기, 또는 실내화를 신는 것과 같이 다양한 습관일 수 있습니다).
- 이 중 앞으로도 계속해서 유지하고 싶은 다섯 가지를 고르세요. 그리고 습관별로 다음의 문장을 완성하는 겁니다: "이 습관은 내가 ××할 수 있도록 돕는다." 이 문장은 한 번 쓰고 마는 것이 아니라 계속해서 업데이트할 수 있습니다.

- 하루를 견디어내며 여러분에게 도움이 되는 습관을 몇 번이나 실행하고 있는지 집중해 보시기 바랍니다.

Instead

대신

"무엇을 원하는지"에 관한 질문으로

"무엇을 원하지 않는지"에 관한 이야기의 방향 전환하기

저는 슈퍼마켓에서 계산을 하기 위해 줄을 서서 기다리는 것이 지금도 좀 불편합니다. 성장하며 어머니를 따라 슈퍼마켓에 가는 것을 좋아했는데 그곳은 언제나 활력이 넘치는 장면과 소리, 그리고 독특한 향기가 가득했기 때문입니다. 가끔가다 생각지도 못한 간식을 얻어먹을 수도 있었습니다. 어머니는 제가 큰 도움이 된다고 말씀해 주셨는데 제가 우유의 유통기간과 달걀에 금이 갔는지를 꼼꼼하게 검사를 했기 때문입니다. 어머니는 두드려보는 것만으로도 잘 익은 수박을 고를 수 있는 방법을 가르쳐 주셨고, 저는 가끔 저녁에 먹을 고기의 종류를 선택할 수 있는 권한을 가질 수도 있었습니다.

제가 아홉 살이었던 어느 날 우리는 식료품으로 가득 찬 쇼핑 카트를 밀고 줄이 가장 짧아 보이는 계산원이 있는 곳에 섰습니다. 어머니는 "내 생각엔 저분의 손이 제일 빠른 것 같구나."라며 추측하셨습니다. 우리 뒤로는 벌써 긴 줄이 늘어섰고, 우리를 앞으로 조금씩 밀었습니다. 그렇지만 앞줄은 전혀 줄어들지 않았습니다. 드디어, 한 손님이 계산을 끝내고 줄은 앞으로 조금 줄었습니다.

"다음 분이요."라고 계산원은 목소리를 높였고, 다음 손님이 카트에서 계산대로 식료품들을 집어 올리기 시작했습니다.

그때 어머니는 "어, 하나를 빼먹었구나. 여기서 우리 카트 지키며 잠깐만 있을래?"라고 물어보셨는데, 그것은 질문보다는 명령에 가까웠습니다. 어머니는 사람들 사이로 사라지기 전 "바로 올게."라고 말씀하셨습니다. 바로 그때 계산원의 움직임이 전보다 더 빨라진 것이 제 눈에 들어왔습니다. 갑자기 제 앞의 줄은 짧아지기 시작했고, 뒷줄은 점점 더 길어졌습니다.

계산원은 "다음 분이요."라며 손짓을 했습니다.

제 바로 앞에 서 있던 신사분이 계산대에 산 물건을 올려놓기 시작했고, 계산원은 그 물건들을 빠르게 스캔에 통과시켰습니다. 제 가슴을 갑자기 답답해졌고, 고개를 돌려 어머니를 찾았지만 그 어느 곳에도 어머니는 보이지 않았습니다. 계산원이 마지막 물건을 봉투에 넣자 제 앞의 신사 분은 지갑을 꺼내 현금을 건넸고, 계산원은 잔돈을 건넸습니다. '엄마는 도대체 어디 계신 거야?' 이제 바로 다음이 우리 차례였고, 제 주머니에는 동전 몇 개만 있을 뿐이었습니다. 앞의 신사분은 계산을 마친 물건을 다시 카트에 담고 앞으로 밀고 나가기 시작했습니다. 그때 제 심장이 쿵 떨어졌습니다.

"다음 분이요."

이제 우리 차례였고, 어머니는 아직 돌아오지 않으셨습니다. 계산원은 저를 보며 빨리 오라는 듯 손짓을 했고, 아마 서 있던 모든 사람의 마음도 다 그랬을 겁니다. 그렇다고 그 줄에서 빠져나갈 수도 없었는데 계산대 주변이 너무 좁아 카트를 돌릴 수도 없고, 또 너무 무겁기도 했습니다. 저는 그 자리에서 얼어붙어 버렸습니다.

"갑니다! 가요!"

어머니의 목소리였습니다! 저는 급하게 돌아보았고, 거기에 사람들 사이를 헤치며 견과류 봉투를 흔들며 저를 향해 달려오는 어머니가 있었습니다. 어머니는 제게 이제 우리 물건들을 올려놓기 시작하라는 신호를 보냈습니다. 마음이 놓이긴 했지만, 여전히 당황한 채 저는 우리 카트를 앞으로 밀었습니다.

"미안하다. 호두를 쉽게 찾을 수가 없었단다."라며 어머니는 아무렇지도 않은 듯 어깨를 으슥해 보이셨습니다. "호두 쿠키는 네가 제일 좋아하는 거잖아. 오늘 저녁에 구워 먹자꾸나."

● 하나의 이야기 속에는 언제나 뭔가 더 있습니다.

여러분 주변에 불평을 많이 하는 분들이 있지 않으신가요? 그분들은 세상에 대해, 다른 사람들에 대해, 심지어 자기 자신에 대해 뭔가 잘못되었다고 불평합니다. 그리고 끊임없이 불평거리를 찾아냅니다. 이런 사람이 가족이나 친구일 때 우리는 너무 익숙해진 나머지 문제에 관한 이야기에 귀를 막아버리곤 합니다. 때로 의사나 경찰이 "도대체 당신의 불만이 무엇인가요?"라고 묻기도 하고, 좀 더 예의를 갖춰 "선생님의 문제가 뭔가요?"라고 묻기도 합니다.

그렇지만 여러분이 문제에 관해 얘기하는 사람들의 이야기를 잘 들어보면 바로 그 한가운데에 그들에게 중요한 무엇인가가 있음을 발견하게 될 것입니다.

"무슨 일이세요?"

"일이 너무 많아요. 일을 저 혼자 다 하는 것 같아요. 다른 사람들은 상관도 없어 보여요. 왜 항상 제가 다른 사람들의 일까지 해야 하죠?"

"다른 사람들의 이야기를 불평으로 듣는 대신 그것을 그들이 다시 회복하기를 바라는 침해된 가치에 대한 열망으로 생각하면 어떨까요?"

"화가 많이 나실 것 같네요. 그렇지만 분명한 것은 그런 일이 계속되길 원치 않으시는 거지요."

"물론이죠."

"그러면, 대신 선생님이 원하시는 것은 무엇인가요?"

"글쎄요, 만약 사람들이 적어도 자신이 맡은 일을 하게 된다면, 그건 좋은 변화일 것 같아요."

"그러면, 사람들이 그렇게 한다고 가정해보죠. 사람들이 맡은 일을 해내는 것이 선생님께는 왜 그렇게 중요한가요?"

"글쎄요, 그게 공평한 일이잖아요. 그렇지 않나요?"

꽉 막힌 도로에 대한 불평은 좀 더 나은 아침에 대한 바람입니다. 과중한 업무량에 대한 불만은 공평함에 대한 소망입니다. 외로움에 대한 절망은 관계에 대한 욕구입니다. 다른 사람들의 이야기를 불평으로 듣는 대신 그것을 그들이 다시 회복하기를 바라는 침해된 가치에 대한 열망으로 생각하면 어떨까요? 어떤 사람의 계속된 불평은 사실은 긍정적인 변화에 대한 진심 어린 호소일 수도 있습니다.

 Reflection Guide

때로 우리 자신을 다른 사람의 입장에 세워볼 때 유용한 통찰과 경험을 얻을 수 있습니다. 특히 "불평"을 가치의 표현으로 보며 여러분의 경험을 검토해볼 수 있는 다음의 질문을 해보길 권합니다.

- 다른 사람의 문제를 해결하거나 옹호하기 위해 개입을 해본적이 있으시죠? 그런 개입을 하도록 한 결정요인은 무엇이었나요? 개입의 결과가 어땠나요?
- 다른 사람이 아주 작은 것일지라도 여러분의 욕구를 옹호해주었던 경험은 언제였나요? 다른 사람이 여러분의 입장에 서준 것이 어떤 느낌이었나요?
- 고치고 싶은 습관 하나를 생각해 보시기 바랍니다. 그 습관 대신 다른 모습을 선택할 수 있다면 그것은 어떤 모습일까요?

Just

그저 시도해보기

새로운 행동을 위해 반드시
노력이 많이 드는 것은 아님을 알리기

만일 여러분이 테니스나 피아노 또는 어떠한 것일지라도 정교한 기술이 필요한 무엇인가를 배웠을 때 그것을 다시 배운다는 것이 얼마나 어려운 일인지 잘 알 것입니다. 제게는 골프가 그런 것이었습니다. 아버지는 제가 열다섯이 되던 해에 골프 레슨을 시켜주셨습니다. 아버지의 레슨은 심오하고 철학적이었습니다. 아버지는 골프가 심판이 필요하지 않은 유일한 스포츠라고 말씀하시곤 했습니다. 골퍼 자신의 매너가 곧 심판의 역할을 하기 때문이라고 하셨습니다. 아버지는 골프와 관련한 모든 매너를 가르쳐주셨지만 그것이 제 골프실력을 늘게 하지는 않았습니다.

제가 스물다섯이 되었을 때 저는 강사에게 배울 수 있는 재정적 능력을 갖추게 되었고, 프로 골프 선수에게 여섯 번의 교습을 받기로 했습니다. 그녀의 레슨은 매우 정교했습니다. 그녀는 여섯 번의 레슨 동안 볼은 한 번도 치지 않은 채 하프 스윙(half-swing)만을 연습하도록 했습니다. 제게 모든 방법을 다 가르쳐주었지만, 그 레슨은 제게 너무 지루하게 느껴졌습니다. 제가 서른다섯이 되고 제 조카들이 골프 캠프에 참가할 수 있는 나이가 되었을 때 저는 렉시라는 골프강사를 만났습니다.

"안녕, 애들아, 만나서 반갑다."

"안녕하세요, 미즈 렉시 선생님."

"아, 그냥 렉시라고 부르렴. 자, 그럼 우선 너희들의 스윙 자세를 한번 볼까?"

그때 저는 "어, 애들은 오늘 처음 배우는 거예요."라며 아이들을 대신해 말했습니다.

그녀는 "그렇군요. (아이들에게) 그렇지만 너희들 전에 스윙하는 것을 본 적이 있지, 그렇지?"라며 물었고, 아이들은 그렇다고 했습니다.

그녀는 저보고 안전선 뒤로 가서 앉아 있으라고 손짓했습니다.

그녀는 "그냥 한번 해봐. 내가 볼 수 있게."라며 제레미에게 말하며, 골프채를 주며 매트 위에 서도록 손짓을 했습니다. "자 여기 공이 있다. 그냥 쳐봐."라고 하며 제레미 앞에 공을 놔주었습니다.

제레미는 저를 쳐다보고 고개를 끄덕였습니다. 골프채를 뒤로 빼고 스윙을 했지만 볼을 치지는 못했습니다.

"좋아, 한 번 더 보여줘. 볼에서 눈을 떼지 마라. 팔꿈치를 단단히 고정시키고, 자 해보자!"

제레미는 양손을 흔들더니 볼을 향해 다시 한번 스윙을 날렸고, 이번에는 다행히도 볼을 맞힐 수 있었습니다.

"이야, 볼을 맞혔구나. 자, 하이 파이브!"하며 렉시는 손바닥을 들어 제레미의 손바닥이 닿을 수 있도록 해주었습니다.

렉시는 "자 이제 한 번 더."라고 말하며 제레미 앞에 두 번째 공을 놓아주었습니다. "똑같이 해보는 거야. 공을 보는 거야." 제레미는 볼 뒤에 골프채를 놓고, 스윙할 준비를 했습니다.

렉시는 "공이 어디 있는지만 기억해."라고 말한 후 거의 최면을 걸듯이 "자 이제 눈을 감아라."라고 말했습니다.

'뭐라고?' 그것은 저라도 못 할 일이었습니다. 저는 제레미에게 부당한 일을 시키는 것 같아 렉시에게 좀 화가 났지만, 제레미는 렉시의 말대로 눈을 감고 골프채를 들어 올렸습니다.

렉시는 "자, 이제 내리치면 되는 거야."라며 속삭이듯 말했습니다.

여전히 눈을 감은 채 제레미는 휙 소리를 내며 골프채를 휘둘렀고, 이번에는 볼의 정중앙에 제대로 맞은 소리가 났습니다.

저는 "말도 안 돼!"라고 외치며 자리에서 벌떡 일어섰습니다. 제레미는 잠시 멍해 있다가 곧 자신이 무슨 일을 해냈는지 알게 되었습니다.

제레미는 주먹을 높이 올리며 "예이!"라며 포효했습니다.

렉시는 "그렇지. 바로 그거야."라고 말하며 제게 장난기 있는 윙크를 날렸습니다. 그 모든 것은 정말 마법과도 같았습니다.

● 일상의 마법

코칭을 받는 사람들은 종종 어떤 부분이 개선되기를 바라거나, 무엇인가를 더 잘하기를 바랍니다. 한 매니저는 직장에 긍정적인 문화가 구축되길 바랐습니다. 한 부모님은 행복한 가정을 꾸리길 원했습니다. 한 커플은 두 사람 사이에 더 건강한 경계를 세울 수 있기를 원했습니다.

저는 그들에게 "그것은 어떤 모습으로 나타날까요?"라고 묻습니다.

매니저는 직원들이 일을 시작하며 서로에게 아침 인사를 하는 것으로 나타날 것이라고 했습니다. 부모님은 가족이 함께 저녁을 먹는 모습으로 나타날 것이라고 했습니다. 커플은 각자 직장에서 느끼는 스트레스에 대해서 말하는 대신 함께 시간을 보낼 것이라고 했습니다.

그러면 저는 "그것이 어디에서 시작될까요?"라고 묻습니다.

지평선 위의 작은 구름 한 조각이 시원한 비가 되어 내리는 것처럼, 아주 작은 변화가 큰 변화로 이어질 수 있습니다. 그 매니저는 한 팀원이 팀의 업무일지에 "좋은 아침"이라고 쓴 후 바로 옆에 스마일리 페이스(웃는 얼굴 스티커)를 그려 넣었던 일을 기억했습니다. 그러자 그날 직원들은 평소보다 더 많이 서로에게 아침 인사를 했다고 했습니다. 그 부모님은 저녁 식사 중 전화가 한 번도 걸려오지 않았던 때를 기억했습니다. 그날 밤 가족들은 서로 더 많이 얘기를 나눌 수 있었고, 농담도 주고받을 수 있었습니다. 그 커플은 오래된 사진이 가득 찬 상자 속 사진을 함께 정리하던 때를 기억했습니다. 함께 사진을 정리하며 가족과 친구들과 함께했던 좋은 시간에 관한 얘기를 나눌 수 있었습니다. 바로 그런 것이 '일상의 마법'입니다.

사람들의 희망과 꿈의 흔적을 따라갈 때 우리는 작은 이정표(signpost)를 만납니다. 이것은 종종 우리가 이미 경험했던 일상적인 일들입니다. 이러한 일상의 경험은 우리가 원하는 것이 무엇인지, 우리의 목표가 무엇인지, 올바른 방향으로 이미 나아가고 있음을 알리는 신호가 무엇인지 주목할 수 있도록 우리를 이끕니다. 그렇지만, 그러한 일들은 작고, 잘 보이지 않아 그 경험의 의미와 중요성에 대해 다시 보지 않는 한 그 작은 신호들이 정확히 무엇을 의미하는지 처음부터 쉽게 알긴 어렵습니다.

다음에 여러분이 혹시 무엇인가를 원하는 직원과, 파트너와, 클라이언트와, 혹은 친구와 대화를 나눌 때 아래의 질문을 한 번 떠올려보시길 권합니다.

- 그것(원하는 것)은 어디에서 나타날까요?
- 그것(원하는 것)은 어디에서 시작되었을까요?

여러분의 질문이 그들이 소망하는 것이 이미 일어났었던 곳으로 그들을 안내하는지 잘 관찰해보세요.

 Reflection Guide

최근 몇 주 사이 여러분이 즐겁게 하루를 시작할 수 있었던 아침을 떠올려 보세요. 아마도 그럴 수 있었던 것은 자신이 좋아하는 방식으로, 원하는 방식으로 일이 진행되었거나 또는 스스로 그런 계획을 세워서일 수도 있습니다.

- 그날 아침 여러분이 가장 즐겼던 것은 무엇이었나요? 어디에서 시작된 것인가요? 전날 밤? 전날? 아니면 그 주?
- 작지만 의미가 있는 습관, 행동, 또는 일상적인 일 중 여러분에게 효과가 있는 것은 무엇인가요?
- 그렇게 즐거운 아침을 다시 맞기 위해 여러분이 할 수 있는 한두 가지의 일이 있다면 어떤 것일까요?

여러분이 해볼 수 있는 한 활동을 제안합니다.

- 한 주간 작지만, 알아볼 정도의 새로운 습관을 시도해보세요. 오른손잡이라면 왼손으로 양치질을 하는 겁니다. 더러운 책상의 한쪽을 깨끗하게 유지해볼 수도 있고, 침대의 위치를 달리해볼 수도 있겠죠.

Knŏw

알기

세상에는 다양한 기호가 있을 수 있음을 가정하고 존중하기

아버지의 돈을 훔쳤습니다. 그렇지만 그때 저는 그게 돈인 줄도 몰랐습니다. 그 동전에는 섬세한 문양이 새겨져 있었고, 네 살이었던 저는 얇은 종이에 그 문양을 새겨보고 싶어 그것을 아버지의 책상에서 가져갔습니다. 문제는 그것을 책상에 다시 가져다 두기 전 아버지가 저와 언니, 오빠를 방으로 부르셨던 것이었습니다.

아버지는 나이순대로 차례차례 "네가 책상 위에 있던 동전을 가져갔니?"라고 물으셨습니다.

"아니요"라며 언니는 가볍게 말했습니다.

"절대요!"라며 오빠는 자신 있게 항의했습니다.

이제 제 차례였습니다. 저는 확실하지 않았습니다. 주저하는 저를 보곤 오빠가 저를 비난하기 시작했습니다.

"네가 훔쳐 갔구나!"라고 말했습니다.

저는 "아니야, 난 안 그랬어."라고 소리를 쳤습니다. 전 정말 그걸 훔치지 않았습니다. 다만 빌렸을 뿐이었습니다.

"좋다. 그럼 아무도 가져가지 않았구나."라며 아버지께서 말씀하셨습니다. "그렇다면, 그걸 알아내는 간단한 방법이 있지."라며 아버지는 슬쩍 미소를 지으며 말씀하셨습니다. "자, 각자 가서 날달걀을 하나씩 가져오너라."

오빠는 "달걀로 뭘 하시게요, 아버지?"라고 물었습니다.

"달걀에 작은 구멍을 내서 달걀을 쪽 빨아 먹어야 한다. 그러면 진실을 말하지 않는 사람의 입만 검게 변하게 되지."

"웩!"이라고 동시에 외치며 언니와 오빠는 냉장고로 달려갔습니다.

"너는 안 가져올 거야?", 제가 꾸물거리자 아버지께서 물으셨습니다.

저는 "아니요, 전 배가 아파요."라고 말했습니다. 달걀이 입에서 시꺼멓게 변한다고 생각하니 실제로 배가 매스꺼운 것처럼 느껴졌습니다.

아버지는 헉헉거리며 달려온 언니와 오빠를 내보내시곤 나와 더 얘기를 나누고 싶다고 하셨습니다.

저는 "배가 너무 아파요!"라며 소리를 질렀습니다.

아버지는 "네가 준비될 때까지 기다리마."라며 사랑스러운 미소를 지으며 말씀하셨습니다.

아버지는 저의 흐느낌이 딸꾹질로 변할 때까지 기다려주셨습니다. 그리고 우리는 얘기를 나눴습니다. 우리가 어떤 얘기를 나눴는지 정확하게 기억할 순 없지만, 아버지가 저를 꼭 안아주시던 것과 어떤 일에도 제가 사랑받는 존재임을 알게 해주신 것은 정확하게 기억하고 있습니다.

"여러분이 다른 사람들을 그들의 삶에 대한 전문가로 여길 때 세상에서 '존재'하고 '행동'하는 그들의 방식에 대해 궁금해질 수 있습니다."

● 삶에 대한 다른 사람의 방식 배우기

아는 것에는 여러 가지 다른 방식이 존재합니다. 자동차 정비 전문가가 제 차에 대해 아는 방식과 어머니가 제 마음에 대해 아는 방식은 같지 않습니다. "알다(know)"라는 단어의 어원은 gno인데 이것은 격언이나 금언을 뜻하는 "gnome"와 무시하거나 모른 체하는 "ignore"와 같은 단어에서도 발견됩니다. 이 어원과 다른 단어들의 조합으로 만들어진 영어단어들은 아주 흥미롭습니다. 예를 들면, 진단을 뜻하는 "diagnose"도 이 중 하나입니다. 이 단어의 어원인 dia에는 '철저한' 또는 '완전한'이라는 의미가 있습니다. 이 단어가 gnose라는 어원과 합쳐졌을 때 우리는 '철저하게 안다(thoroughly know)'라는 설명적인 (descriptive) 행위를 의미하는 새로운 단어를 얻게 됩니다. 누군가가 무엇을 진단할 때 '철저하게 앎의 행위를 수행하는 사람'은 누구인가요? 의료 세팅에서 의사의 일은 철저하게 아는 것입니다. 그래서 의사는 질문을 합니다. 그것도 아주 많이요. 그들은 결론에 도달하기 위해 충분한 정보를 수집할 필요가 있습니다. 그 결론은 진단이며, 이를 통해 적절한 처방을 내릴 수 있기를 바랍니다. 의사가 70대 여성의 석회화된 어깨를 어떻게 치료할지에 대해 알 순 있지만, 이 사랑스러운 할머니가 손자들이 좋아하는 요리를 해주기 위해 어깨가 다시 좋아지길 바란다는 것에 대해선 알지 못할 수도 있습니다.

질문을 하기 전 우리는 삶에 대한 다른 사람의 논리(logic)와 방식에 대해 알 수 없습니다.

다른 이들을 그들의 삶에 대한 전문가로 여길 때 여러분은 그들의 "존재 방식"과 "행동 방식"에 대해 비로소 궁금해질 수 있습니다. 여러분이 대화를 나눌 때 사람들이 원하는 것을 원하는 것에는, 또 하고자 하는 것을 하고 싶어 하는 것에는 반드시 좋은 이유가 있다고 가정할 필요가 있습니다. 이를 통해 우리는 진심으로 배우고자 하는 자세를 취할 수 있기 때문입니다. 제가 헬레나와 나눈 대화가 바로 그런 것입니다. "헬레나, 우리의 대화가 도움이 되었다고 가정해보죠. 상황이 좀 나아가고 있음을 어떻게 아실 수 있을까요?"

"아마도, 제 어깨의 회복 속도에 대해 좀 더 인내심을 가질 수 있을 것입니다. 이 과정이 너무 오래 걸리거든요."라며 그녀는 어깨를 으쓱했습니다.

"좀 더 인내하는 것, 좋습니다." "또 어떤 것이 있을까요?"

"의료진이 제게 처방한 운동을 따라 하는 것에 좀 더 많은 동기를 가질 수 있다면, 그것도 좋을 것 같습니다."

"처방한 운동을 따라 하는 것에 대한 좀 더 많은 동기요."라며 저는 헬레나의 말을 따라 하며, "좋습니다. 그러면 더 빨리 낫고 싶어 하시는 것 같은데요."라고 말했습니다.

"물론 그러고 싶죠."라며 헬레나가 그것을 확인해주었습니다.

"그렇군요! 그러면, 좋아진 후 제일 먼저 해보고 싶으신 일들은 뭔가요?"

이 마지막 질문은 헬레나가 어깨가 좋아졌을 때 어떤 일을 다시 하고 싶어 할 것이라는 가정을 포함합니다. 예를 들면, "이런 일이 일어나면, 나는 ××할 것이다."와 같은 헬레나만의 논리가 있을 것이고, 저는 그것에 대해 알아야만 합니다. 이 질문에 답하며 헬레나는 "제 어깨가 좋아지면, 저는 ××를 할 것입니다."와 관련한 여러 가지 이야기를 했습니다. 그녀는 손자를 위해 요리를 하고 싶어 했습니다. 자녀와 다시 골프를 치고 싶어 했습니다. 좀 더 독립적인 삶을 살고 싶어 했습니다. 그녀는 정원도 가꾸고 싶어 했습니다.

우리와 대화를 나누는 클라이언트, 직원, 친구, 또는 가족은 종종 상황이 어떻게 달라지길 원하는지 또는 더 좋아지길 원하는지에 대해 좋은 생각을 가지고 있습니다. 그들이 중요하게 생각하는 것에 대해 좀 더 의도적인 경청을 할 때 그들이 선호하는 것과 그들만의 자원, 즉 그들의 삶의 방식을 좀 더 쉽게 발견할 수 있습니다.

헬레나와 저의 대화는 계속되었습니다. 저는 "그러면 삶이 그러한 방향으로 나아가는 것에 도움이 되는 것으로, 이미 하고 계신 일은 뭘까요?"

헬레나는 "아,"라고 하며 "전 집안 공기가 답답해 그런 운동을 집에서 하고 싶진 않아요. 대신 밖으로 산책을 나갑니다. 그러면 제 어깨도 움직일 수 있고, 숨도 쉴 수 있죠. 아침엔 스트레칭도 합니다. 처방된 운동과 어쨌든 비슷하거든요."라고 했습니다.

사람들이 삶에서 효과가 있는 일들을 이미 하고 있다는 것을 아는 것이 놀라운 일은 아닙니다. 사람들이 좋은 의도로 충고를 할 때, 만일 그것이 의료전문가나 부모님 또는 슈퍼바이저로부터 나온 것일지라도 사람들은 그것을 자신이 이해할 수 있는 방식으로 따릅니다. 의사와 만나는 15분의 면담에서는 나눌 수 없었던 자세한 이야기가 바로 헬레나의 회복 방식이었습니다.

"그러면, 헬레나, 이제 오늘 우리의 대화를 정리하면서, 특별히 도움이 된 것은 무엇이었나요?"

"음, 좋은 질문이에요."라고 말하며, 그녀는 한동안 생각에 잠겼습니다. 그녀는 "그건 이제 제가 해야만 하는 일에 대해 왜 하고 싶어 해야 하는지 알게 된 것이에요."라며 웃었습니다.

 Reflection Guide

"해야만 해."라는 것에서 "하고 싶어."로 말을 바꾸는 것이 항상 쉬운 일은 아닙니다. 그러한 변화를 시작할 수 있는 몇 가지 방식을 아래에 소개합니다.

- 어떤 행동이 당신과 다른 사람들에게 도움이 될 것을 알면서도 행동을 취하는 것을 주저할 수 있습니다. 그렇지만 어찌 됐건 내일 아침 깨어났을 때 당신이 하길 주저하던 그 일을 할 준비가 되어있다고 가정해보죠. 기상 직후 첫 한 시간 동안 어떤 모습일까요? 어떤 것을 더하거나 덜할 것 같습니까?
- 여러분들의 주변에 있는 어떤 물체가 살아 움직일 수 있다고 가정해 보세요. 예를 들면 벽, 침대, 노트북, 또는 양말 같은 것이 될 수 있겠지요. 진정으로 원하는 방식으로 하루를 시작하려고 할 때 그 물건들은 당신의 행동이나 말에서 무엇을 달리 듣거나 보게 될까요?
- 위의 관찰에 기초해 당신이 진정으로 관심 있는 것이 무엇인지 알게 되셨나요?

Look

모습

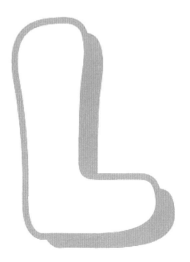

내적 경험과 인식을 언어로 표현하고,

행동과 상호작용으로 외현화하기

2020 년은 제게 쉽지 않은 한 해였습니다. 그해 초 코로나-19가 제가 사는 캐나다의 토론토를 덮쳤을 때 저는 병원의 혈액센터에 앉아 있었습니다. 제 옆에는 나이가 많은 한 아시아 남성이 파란색 의료용 마스크를 쓰고 가쁜 기침을 하고 앉아 있었습니다. 사람들은 서둘러 그분과 될 수 있으면 멀리 떨어져 앉으려 했고, 얼굴을 손수건, 장갑, 소매 등으로 급하게 막으며 "불편한 표정(the look)"을 지었습니다. 누가 그들을 비난할 수 있을까요? 그 나이 든 분은 바로 '코로나의 얼굴'을 하고 있었으니까요. 그렇지만, 저는 사람들에게 제대로 알려야겠다는 충동 같은 것을 느꼈습니다.

"저기요, 여러분."

그들은 좀 놀란 표정으로 저를 쳐다보았습니다.

"이분이 코로나바이러스를 가지고 있는 것처럼 보이고 들리는 것을 저도 잘 알고 있습니다."

그들은 긴장하고, 또 화가 나 보이기도 했습니다.

"이분은 제 아버지이십니다. 아버지는 지금 폐암으로 투병 중이십니다. 그러니 모두 안심하세요."

무슨 일이 있었는지 이해하기 위한 짧은 정적이 흐른 후 어떤 사람들은 "그래서, 뭐"하는 표정을 지었고, 어떤 사람들은 다시 무심히 핸드폰을 들여다보기 시작했습니다. 저는 하고 싶은 말이 가슴과 목 사이 어딘가에서 막힌 것처럼 느껴졌고, 아버지와 제가 방금 경험한 것을 믿을 수 없어 머리를 흔들며 앉았습니다. 아버지의 상태를 확인하기 위해 돌아섰을 때 저는 몇 줄 떨어져 우리를 바라보고 있는 한 여인을 발견했습니다. 그 여인은 남편으로 보이는 한 남자와 함께 앉아 있었습니다. 그녀는 고개를 살짝 숙여 인사를 하고 웃었습니다. 그런데 여인이 몸을 앞으로 살짝 기울이자 그녀의 의자가 굴러가기 시작했습니다. 그분은 의자가 아닌 휠체어에 앉아 있었던 것입니다! 그 여인은 제 쪽으로 다가왔습니다.

"있잖아요…. 매번 제가 남편과 함께 병원에 올 때마다 사람들은 제가 환자인 줄 알아요. 사실 저는 남편과 함께 왔는데, 우리 남편도 암으로 투병하고 있어요. 그러고 보면, 아버님께서는 코로나바이러스의 얼굴을 가지고 계시고, 저는 장애의 얼굴을 가지고 있네요."라며 웃었습니다.

얼마나 마음이 놓이던지요.

"우린 어쩌면 티셔츠를 맞춰 입고 다녀야 할지도 몰라요. '내가 아니라, 바로 당신이 문제예요.'라는 문구가 어떨지 농담을 했고, 우리는 함께 웃었습니다. 우리 주변의 분위기는 좀 가벼워졌지만, 제 마음은 여전히 울고 있었습니다. 제 인생 처음으로, '집(home)'이라고 부르는 곳에서 우리의 겉모습으로 인해 말 없는 차별의 폭력을 경험했습니다.

"다른 사람의 말에 우리의 말을 덧붙여 변화시킬 때 우리는 그들의 세상을 — 어떤 때는 유용하게, 어떤 때는 불쾌한 방식으로 — 변화시킬 새로운 가능성에 매우 적극적으로 가담하는 것입니다."

⬤ 우리의 언어는 우리의 세상을 만듭니다.

아주 오래된 얘기일지도 모르지만, 우리 중 누군가에겐 또 그렇지도 않을 수도 있습니다. 우리는 모르는 사이 얼마나 많이 또는 조용하게 편견을 만들고, 이를 승인하고, 또 그것이 계속되는 것에 참여해 왔을까요? "난폭한 사람," "장애인," 또는 "권위자"와 같은 단어를 들었을 때, 여러분 마음에 즉각적으로 떠오르는 심상은 어떤 것인가요? 코칭의 대화라고 해서 편견으로부터 자유로운 것은 아니며, 그러한 대화를 통해 우리는 다른 사람에 대한 편견을 만들어 낼 수 있습니다. 대화를 시작하는 바로 그 순간부터 우리의 편견은 '이 사람들은 어떤 종류의 사람들이고, 삶에서 원하는 것은 무엇이며, 우리에게 필요한 것은 무엇이고, 그들의 말은 무엇을 의미하는가'와 관련된 우리의 인식에 영향을 미칩니다.

제가 자인과 나눴던 대화를 예로 들어보겠습니다. 자인은 저에게 슈퍼비전을 받는 학생인데, 한 회사의 최고경영자(CEO)인 클라이언트와의 회기가 녹화된 비디오를 자료로 가져왔습니다. 우리가 함께 비디오를 보기 전 자인에게 그 회기에 대해 물었습니다.

"자인, 그분과의 대화가 어땠나요?"

자인은 완전히 지쳐 보였습니다. "휴, 정말 어려운 클라이언트였어요. 그분은 저의 모든 말에 토를 달았어요. 그런 사람과 대화를 나누는 것이 얼마나 어려운 일인지 이제 좀 알 것 같아요."

"좋아요, 비디오를 함께 보죠. 그러면, 그 회기에서 잘 진행된 것은 뭐라고 생각해요?"

"글쎄요. 우리 둘 중 누구도 회기 중간에 뛰쳐나가지 않은 것이 좋은 신호였겠죠. 전, 거의 그럴 뻔했잖아요. 정말 화가 나더라구요."라며 자인은 제 옆에 놓인 의자에 앉으며 말했습니다.

자인의 말에 웃으며 "좋아요, 그러면 비디오를 같이 봅시다."라고 했고, 자인은 비디오를 켰습니다.

이쯤에서 제가 여러분께 묻고 싶은 질문이 있습니다. 지금까지 얘기한 것 중 자인과 제가 나눈 대화 장면, 자인과 CEO의 대화를 녹화한 비디오의 장면을 상상하며, 여러분에게는 누가 보이는지 궁금합니다. 자인은 어떤 모습일까요? 그 CEO는 어떤 모습일까요? 그들의 목소리는 어떨 것 같나요? 성별, 인종, 나이와 관련된 여러분의 상상력은 그들의 모습을 어떻게 나타나게 하나요? 자인이 녹화한 장면을 보여주기 시작했을 때 저는 순간 잘못된 비디오테이프를 가져온 것이 아닌가 하는 생각이 들었습니다. 맞습니다. 자인은 남성이에요. 자인은 체구가 작은 흑인 여성과 앉아 있었는데, 나이는 아마도 70대쯤으로 보였어요. 그녀의 목소리는 아주 작고 부드러워서 비디오를 보면서 우리는 볼륨을 높여야 했을 정도였습니다.

CEO:	이사회가 저를 고용한 이유는 회사에 몇 가지 매우 중요한 변화를 만들라는 것이었습니다. 그렇지만 제가 무엇이 변해야 할지에 대한 자료를 제출했을 때 그들은 그것에 반대했습니다. 제 생각엔 그들이 그러한 변화를 받아들일 준비가 아직 안 된 것 같습니다.
자인:	그러면, 너무 공격적으로 보이지 않도록 어떻게 대화를 해야 할까요?
CEO:	공격적이요? 전 공격적이지 않아요.

자인:	아니요, 제 말은, 그 변화 말입니다. 당신은 그들의 지지가 필요하신 거잖아요.
CEO:	아니요, 전 그들이 요구한 것을 그대로 이행하고 있습니다. 공격적인 것과는 정반대입니다.
자인:	그러면 의견을 말씀하실 때 좀 더 단호한 태도를 보일 필요가 있다고 생각하시나요?
CEO:	전혀요. 조용히 말하는 저의 태도 때문에 그렇게 생각하신 건가요?

자인은 그 지점에서 비디오를 멈췄습니다.

"클라이언트가 얼마나 저항적인지 보셨지요?"라며 저의 동의를 구하듯 말했습니다.

여러분은 자인과 클라이언트 사이의 짧은 대화에서 무엇을 보셨나요?

여러분이 다른 사람의 말에 기초해 그것을 해석하고 추론할 때 저항의 환영(illusion)은 계속해서 일어나게 됩니다. 누군가가 여러분의 허락이나 확인도 없이 여러분의 말을 바꾸어 말하고 당신이 말한 의미를 해석한다면, 또 완전히 잘못 알아듣는다면 정말 화가 날 것입니다. 다른 사람의 언어를 그들이 세상을 어떻게 바라보는지를 이해할 수 있는 유용한 참조(reference)로 존중하는 것은 코칭에서 가장 배우기 어려운 것 중 하나입니다.

자인과 CEO 사이에서 어떤 일이 있었는지 살펴보죠. 자인이 CEO의 말에 덧붙인 것은 무엇인가요? 그것은 어떤 효과가 있었나요? 자인은 클라이언트가 현재 너무 공격적이라며 추론하고, 대화를 좀 더 잘할 기술이 필요하다고 생각했습니다. 클라이언트는 자신의 성격적 특질에 기초한 자인의 제안에 동의하지 않습니다. 자인은 클라이언트가 대화를 할 때 좀 더 단호하게 할 필요가 있는지에 대해 질문하며 다시 한 번 노력하고 있습니다. 클라이언트는 그러한 제안에 대해서도 동의하지 않았습니다. 자인이 대화에 끌어들인 단어들에 클라이언트는 동의하지 않았습니다. 그러자 자인은 클라이언트를 저항적이라고 불렀습니다!

다른 사람의 말에 우리의 말을 덧붙여 변화시킬 때 우리는 그들의 세상을 — 어떨 때는 유용하게, 어떨 때는 불쾌한 방식으로 — 변화시킬 새로운 가능성에 매우 적극적으로 가담하는 것입니다. 어떤 단어에 대한 일반적으로 알려진 사전적 정의를 안다는 사실이 그 단어를 사용한 사람의 뜻을 '앎'을 의미하지는 않습니다. 예를 들면, 제가 개인적으로 "만족"하는이나 "공격"적인이라는 단어를 쓸 때 그것의 의미는 여러분들의 그것과 매우 다를 수 있습니다. 여러분들이 다른 사람들의 말을 들었을 때 그것이 여러분의 세상에서 사용되는 의미를 강요할 수 있는 '허가'라고 생각하는 대신 그들의 삶에서 어떤 의미인지에 대해 알아볼 수 있는 '초대'로 생각하세요. 대화를 나눌 때 "[…]에 대해 말씀하실 때, 그건 어떤 모습(look)일까요? 그것이 당신에겐 어떤 의미인가요?"라고 물어보세요.

 Reflection Guide

우리의 내부를 채우고, 또 외부를 둘러싸고 있는 언어에 대해 주목해볼 수 있는 활동을 소개합니다.

• 여러분을 표현할 수 있는 형용사, 명사, 동사 등이 포함된 50개의 단어 목록을 작성해 보세요. 여러분의 단어 목록을 더 풍성하게 만들 수 있도록 여러분을 잘 아는 친구, 친척, 동료 등과 대화를 나눠보세요. 그중 여러분의 삶에서 더 많이 활용되기를 바라는 다섯 개의 단어를 선택하세요. 이들을 사용해 짧은 자서전을 써보는 겁니다. 단 몇 개의 문장이라도 괜찮습니다.

Might
가능성

확정적이지 않도록 호기심을 유지함으로써

새로운 가능성을 열어두기

"**엄**마, 지난 밤 꿈에 무슨 일이 있었는지 알아맞혀보세요."

이것은 어릴 적 제가 아침에 일어나 하루를 시작하는 익숙한 방식이었습니다. 어머니는 "무슨 일이 있었는지 말해주렴."이라고 말씀하셨고, 저는 작은 몸을 움츠러 어머니가 침대에 올라올 수 있는 공간을 마련하고, 어머니는 어린이용 침대에 몸을 눕혔습니다.

"무슨 일이 있었냐면…"

저는 기억나는 꿈속에서 일어난 모든 일에 대해 말하기 시작했고, 어떤 부분은 말을 하기 시작하며 벌써 기억이 흐릿해졌습니다. 어머니는 "음"과 "아"로 호기심을 표시하며 귀를 기울이셨고, 또 "그리고 나선?"이라며 이후의 일에 대해 말해달라고 부드럽게 말씀하시곤 했습니다. 그쯤 됐을 때 제 꿈 이야기는 벌써 몇 번의 "그리고 나선?"을 맞이했고, 제 얘기는 실제 제 꿈보다 더 분명해졌습니다. 어머니는 제가 말씀드린 모든 꿈에 "와, 그것 참 좋은 꿈이구나. 왜 그런지 아니?"라는 말씀을 덧붙이시며 그 이유를 말씀해주셨습니다. 하늘을 날아다니는 꿈은 저의 몸이 커지는 것을 의미하고, 꽃을 꺾는 것은 좋은 소식이 있을 예정이며, 이가 빠지는 꿈은 제 문제가 해결되는 것을 의미했습니다. 그러던 어느 날 제가 계단에서 헛딛고 넘어지는 꿈을 꾸었을 때도 어머니는 예의 그 방식으로 반응을 했고, 이번엔 어머니에게 도전을 해보기로 했습니다.

"그렇지만 엄마, 어떻게 이게 좋은 꿈일 수 있어요? 지난번엔 계단을 기어오르는 것이 좋은 꿈이라고 말씀하셨잖아요? 그런데 이번엔 그 반대잖아요."

"글쎄…"라며 어머니는 눈썹을 살짝 올리시더니 곧 웃으시며 "자세히 들여다봐라. 이번엔 다른 계단이잖니, 얘야." 그러면 꿈에서 잊혀졌던 것이 기억에서 되살아나는 것처럼 바로 다른 계단이 생각났습니다. 어머니는 제 모든 꿈을 중요한 것으로 만드셨는데, 그렇게 함으로써 모든 것에는 언제나 그것을 다르게 볼 수 있는 또 다른 방식이 존재한다는 것을 알려 주셨습니다.

● 가능성의 힘

코칭에 참여하는 클라이언트는 많은 경우 우리의 회기에 "자, 이것이 제게 있었던 일입니다."와 같은 형식의 이야기를 가져옵니다. 어떤 사람들은 다른 사람들에 비해 자신의 이야기를 할 준비가 더 많이 되어 있는 것처럼 보입니다. 어떤 사람들의 이야기는 다른 사람들의 이야기보다 더 정리가 잘 되어 있습니다. 클라이언트들이 이야기를 할 때 저는 그들의 이야기가 전환될 때 "음"과 "아"와 같은 추임새를 넣으며 듣습니다. 이때 저는 그들에게 무슨 일이 있었는지보다는 그들은 이야기가 어떻게 끝나길 원하는지에 더 관심이 있습니다. 그래서 저는 "자, 우리 한 번 상상을 해볼까요. 그냥 가정을 해보는 겁니다. 어찌어찌해서

"코칭에서 우리는 사람들의 가져온 처음의 주제를 도착지점이 아닌 시작지점으로 생각합니다. 우리는 그들이 이미 원하는 방향으로 움직이고 있다고 믿으며, 그것으로부터 구축하기 시작합니다."

이 이야기가 선생님의 마음에 드는 방식으로 끝나는 겁니다. 그러면 지금까지 일어났던 것보다 더 좋거나 다른 무엇을 보실 수 있을까요?" 이 질문은 클라이언트 자신이 만들어낸 새로운 이야기가 만들어낸 울림을 스스로 듣게 합니다. 그들의 이야기는 이제 익숙한 길에서 멀어져 다른 곳을 향합니다. 저는 가끔씩 "그러면 어떤 일이 일어날까요?"라고 슬쩍 물어보고, 클라이언트만의 방식으로 만들어진 꿈과 희망에 대해 알아갑니다. 그것을 통해 저는 그들이 진정으로 관심 있는 것이 무엇인지 엿볼 수 있습니다. 이제 그들은 자신의 삶에서 무엇이 문제인지에 대한 이야기 대신 무엇이 중요한지에 대한 이야기를 시작하며, 우리의 코칭은 그렇게 끝나고, 그들의 삶은 새롭게 시작됩니다.

사람들에게 미래에 대해 생각할 수 있도록 초대할 때 그들은 종종 즉각적으로 일어날 일에 대해 말합니다. 그들은 내일 평화로운 마음으로 출근을 할 것이라고 말합니다. 그들은 자신감을 가지고 인터뷰에 걸어들어갈 것이라고 말합니다. 또, 동기를 가지고 수업에 참여할 것이라고 말합니다.

이럴 때 많은 코치들이 이와 같은 즉각적인 주제를 목적지로 착각하며, 곧장 그것에 대한 문제해결을 시작합니다. 코칭에서 우리는 그러한 주제를 사람들이 원하는 방향으로 나아갈 수 있는 또 다른 출발지점으로 생각합니다. 바로 그곳에서 새로운 구축이 시작될 수 있습니다.

코칭 대화에서 "그러면, 그런 평화는 어떻게 얻을 수 있을까요?"와 같이 묻는 대신 "자 그러면, 평화로운 마음으로 출근을 했다고 가정해보세요."와 같은 질문을 해보세요. "그런 동기를 어떻게 얻을 수 있을까요?"라고 묻는 대신 "높은 동기를 가지고 수업에 참여했다고 상상해해보세요."라고 물어보세요. 일단 여러분의 대화 상대가 그들이 원하는 미래(preferred future)에 대해 생각할 수 있을 때 "그러면 무슨 일이 일어날까요?"를 가정해보는 대화에 초대할 수 있습니다. 클라이언트의 삶에서 만약 일어난다면과 같은 의심이 아닌, 실제로 원하는 일이 일어날 수 있다는 가능성으로 새로운 상상을 해보는 것입니다.

 Reflection Guide

누군가와 쉽지 않지만 꼭 나눌 필요가 있는 대화를 나누는 상황에 대한 상상
을 해보세요.

- 그 대화가 잘 진행되어 두 사람 모두 기분 좋고, 감사하고, 마음이 놓이는
  느낌을 가지게 된 것을 상상해 보세요. 그 대화가 가져올 또 다른 긍정적인
  효과는 무엇일까요?

Notice
주목

이야기 속에 숨어 있는 목적, 진전, 가능성,
우선순위, 그리고 선호 등의 신호에 주목하기

우리는 어머니에게 '엄마탐정'이라는 별명을 지어드렸습니다. 하루 종일 밖에서 일을 하실 때에도 집에 발을 들여놓는 순간 어머니는 우리가 무엇을 먹었는지, 싸움을 했는지, 숙제를 하는 대신 TV를 봤는지, 모든 것을 다 알고 계셨습니다. 어머니는 제가 배가 고프다는 것을 알기도 전에 제게 간식을 차려 주셨습니다. 어머니는 제가 화가 나거나 슬퍼지려 할 바로 그때 시간을 내주셨습니다. 어머니는 제 손가락과 머리카락에 스며있는 담배냄새를 싹싹 씻어냈음에도 불구하고 처음으로 담배를 배우려고 했던 때를 알고 계셨습니다. 어머니는 이 모든 것을 어떻게 아셨을까요?

마침내 저는 10대의 반항에서 막 벗어났습니다. 대학에 입학하며 처음으로 집에서 멀리 나와서 살게 되었고, 이제 성인들만 즐길 수 있는 그런 일로 가득 찬 '어른의 삶'을 살 준비가 되어 있었습니다. 3학년이 되었을 때 그 일이 터졌습니다. 우정 이상이었지만 사랑은 될 수 없었던 관계의 문제로 저는 처음으로 실연의 아픔을 겪었습니다. 혼란스럽고, 식욕도 잃고, 잠을 잘 수도 없었습니다. 저는 모든 전화를 피했고, 누구하고도 얘기를 나누지 않은 채 며칠을 보냈습니다.

그러던 어느 저녁 어둡고 너저분한 제 아파트 벽에 걸려있던 검은색 전화기가 울렸습니다. 전 제발 끊어지길 바라며 의자에서 일어나지도 않았습니다. 벨은 다섯 번 울리다 멈췄습니다. 전 크게 한숨을 내쉬었습니다. 그런데 벨이 다시 울리기 시작했습니다. 짜증이 난 채 일어서서 거의 신음소리를 내며 전화기를 향해 힘겹게 걸어갔습니다. 벨이 다섯 번 울리고 여섯 번째 울릴 때 전화기 스크린에 "집"이라고 쓰인 것을 보았습니다. 일곱 번째 울림에 수화기에 손을 올려놓고, '아마 엄마일 거야.'라고 생각하며 전화를 받아야 할지 고민했습니다. 그러다 목소리를 가다듬고 전화를 받았습니다.

"여보세요?"라고 말하며 될 수 있으면 쾌활한 목소리를 내며 뭔가 중요한 것을 하고 있었던 것처럼 보이려 했습니다.

"안녕, 우리 아기."

그것은 부모님이 어릴 때 저를 부르던 몇 가지 애칭 중 하나였습니다. 어머니는 차분하고 친절한 목소리였습니다. 저는 제 눈이 붉어지는 것을 느꼈습니다. 그 순간 저는 바닥에 주저앉아 펑펑 울고 싶었습니다. 그렇지만 저 자신을 진정시켰어야 했습니다. 어머니에게 어떤 말도 할 수가 없었습니다.

"우리 지금 출발하는 중이다. 한 시간 후에 보자 공주님."

전 겨우 한 시간 거리에서 살고 있었지만 부모님은 일요일마다 집밥과 식료품을 제 아파트로 가져다 주셨습니다.

저는 "오늘이 일요일인가요?"라고 물었습니다.

짧은 침묵이 흘렀습니다. 차라리 물어보지 말았어야 했습니다. 저는 지난달에 머물러 있는 달력을 쳐다보았습니다.

"오늘은 금요일이다, 애야. 그리고 사실, 우리는 이번 주에 네가 집에 오면 정말 좋겠구나."

전 그러길 원했지만 그럴 수 없었습니다. 부모님께 걱정을 끼칠까 봐 염려되었습니다. 저는 "아니에요, 오지 마세요."라고 말했습니다.

어머니는 그저 "아롱이도 같이 간다."라고 덧붙이셨습니다.

나의 강아지? 제 얼굴은 사랑스런 강아지의 이름에 미소 짓는 법을 기억하고 있었습니다. 부모님이 장거리 운전에 작은 테리어 종인 아롱이를 데려오시는 일은 흔한 일은 아니었습니다.

"좋아요, 괜찮아요." 저는 뭐가 괜찮은 것인지도 잘 몰랐지만 그렇게 하시도록 했습니다. "도착하면 알려주세요."라고 중얼거리며, "오시면 제가 내려갈게요."라고 했습니다. 전 부모님이 아파트에 올라오셔서 어질러진 제 방을 보시게 하고 싶지 않았습니다.

전화를 끊고 불을 켠 후 집으로 가져갈 빨랫거리를 주워 담기 시작했습니다. 냄새나는 아파트에 다시 들어오기도 싫어 쓰레기도 치웠습니다. 여기 저기 놓아져 있던 유리잔과 머그컵도 모아 설거지도 했습니다. 부모님이 아래에서 오래 기다리시지 않도록 시간을 알기 위해 시계도 찼습니다. 바쁘게 정리를 하고 부모님의 차에 빨래 두 봉지와 가방을 챙겨 올라탔을 때 저는 이미 너무 피곤했습니다. 부모님께 인사를 드리고 저를 보며 꼬리를 흔들던 아롱이를 안아준 뒤 뒷좌석에서 이내 잠이 들었고, 아롱이는 제 무릎 위에 내내 웅크리고 앉아 있었습니다. 집에 도착하고 깨끗한 향이 나는 침대로 간신히 올라간 것에 대해선 거의 기억도 나지 않았습니다. 다음 날 거의 정오까지 잠을 자고 일어났을 때 아롱이가 제 옆에 누워있는 것을 보았고, 부엌에선 방금 내린 커피와 빵 굽는 냄새가 올라왔습니다. 전 너무 허기가 졌습니다.

부엌으로 들어가며 저는 "엄마 안녕."이라고 말했습니다.

어머니는 "안녕 잠꾸러기. 잘 잤니?"라고 물으셨습니다. 어머니는 웃으시며 큰 보온병에 커피를 담으시며 저를 흘긋 바라보셨습니다.

"네, 아주 잘 잤어요." 정말 그랬습니다. 그렇게 잘 잔 것은 정말 오랜만이었습니다.

"그래, 오늘은 내가 너와 데이트를 하고 싶은데. 너와 나만 둘이서." 어머니는 보온병과 차 열쇠를 집어 들으셨습니다.

급히 아침을 먹고 우리는 차에 올라탔습니다. 어머니는 거의 두 시간을 운전하셨고, 그 사이 우리 둘은 별로 말이 없었습니다. 우리가 심코 호숫가(Lake Simcoe)에 도착했을 때 어머니는 제가 조용히 앉아서 혼자만의 시간을 가질 수 있는 한적한 곳에 주차를 했습니다. 어머니는 바닥 담요, 뜨거운 카페 모카, 그리고 가벼운 스낵을 준비해 오셨습니다. 어머니는 저와 충분한 거리를 유지한 채 자리를 잡고 앉아서 책을 읽으셨습니다. 제 볼에 가을 석양이 느끼기 시작할 때쯤 어머니도 막 마지막 몇 페이지를 끝내시는 듯 보였습니다. 저는 일어서서 오렌지색 태양을 향해 기지개를 켰습니다. 어머니는 그런 저를 쳐다보시며 웃으셨습니다. 어머니는 항상 제 곁을 지켜주시지만 참견하지는 않으시는 완벽한 동반자였습니다. 저는 "이제 갈까?"라고 말했고, 어머니는 웃으며 일어나셨습니다.

"우리는 다른 사람들에 대해 끊임없이 하는 평가를 멈추고 그들이 만들어낸 변화를 알아보며 그것을 지켜볼 수 있는 인내를 배워야 합니다."

● 믿는 것이 보이는 것

저는 종합병원의 원장으로 자신의 일에 대해 열정적이었던 주디와의 만남을 기억합니다. 제게 전화를 했을 때 그녀는 신임 원장으로서 두 달째를 맞고 있었고, 목소리는 굉장히 좌절해 있는 것처럼 들렸습니다.

그녀는 "이 병원은 정말 질서라곤 전혀 없는 구닥다리에요. 정말 믿을 수가 없을 정도입니다. 이건 마치, 무슨 70년대에 살고 있는 것 같아요."라고 말했습니다.

"와우, 하실 일이 굉장히 많은 것처럼 들리는데요."

"정말 미칠 정도입니다. 모든 것이 변해야 해요. 모든 것을 다시 시작해야 합니다."

그녀의 절망적인 태도는 저조차 놀라게 만들었습니다. 저는 "정말 큰일이군요." "어디에서 다시 시작하실 수 있을까요?"

주디는 "그게 제가 지금 막힌 부분이에요."라며 크게 한숨을 쉬었습니다. "직원들이 너무 저항적이에요. 그들은 어떻게 그걸 못볼 수 있죠? 마치 이 모든 것을 저 혼자만 보는 것 같아요. 정말 너무 화가 납니다."

주디는 병원에 필요한 변화에 대한 비전을 가지고 있는 것처럼 보였습니다. 그렇지만 그녀는 그것을 보지도 못하고 동의도 하지 않는 직원들과 씨름을 하고 있었습니다.

여러분은 곤경에 처해 있다고 느끼며 자신을 뺀 모든 사람이 변해야 한다고 보는 사람과 대화를 나눌 때 이쯤에서 대화가 어떤 방향을 향하도록 할 수 있을까요?

우리의 대화가 끝나갈 때쯤 저는 주디가 실험을 해볼 수 있는 단순한 과제를 하나 제안했습니다. "주디, 당신에게 병원에서 원하는 모든 것을 변하게 할 수 있는 힘이 있다고 가정해 보세요."

주디는 "아, 그러면 정말 좋겠네요."라고 말했습니다.

"변해야 할 것들에 대한 리스트와 더불어 지금처럼 그대로 유지해도 될 만한 것들에 대한 노트도 함께 작성해 보실 수 있을까요?"

"허, 제가 변화시키지 않아도 될 것이라고요?"

"맞아요, 쓰레기통을 놓는 장소처럼 아주 작은 것이 될 수도 있겠지요. 지금 그대로도 괜찮아서 당신이 굳이 변화시키지 않아도 될 것들 말이에요. 그런 것들에 대한 노트를 작성해 보실 수 있겠어요?"

그녀는 "어, 어려운 일이네요."라며 회의적으로 말했습니다.

"맞아요, 그럴 수 있어요."라며 저는 전화의 반대쪽에서 미소를 지었습니다. "그냥 한 번 해보는 거예요. 그리고 그런 것을 발견할 때마다 그것에 대해 주변에 있는 사람들에게 말씀해주시는 거예요."

주디는 3주 후 다시 통화할 때까지 그 과제를 수행해 보기로 동의했습니다. 다음 통화를 하는 아침, 전화가 울리자 저는 주디의 실험 과제가 어떻게 되었는지 궁금했습니다.

"혜선, 무슨 일이 일어난 것인지 모르겠어요."라고 말하는 주디의 목소리에는 좌절의 기색이 전혀 없었습니다! 그녀의 목소리는 활기차고, 어쩌면 놀란 것처럼 들리기까지 했습니다. "지난 번 우리가 얘기를 나눈 후 뭔가가 변했어요."

저는 "무슨 의미예요?"라고 물었습니다.

"글쎄요, 저는 우리 팀에 아주 유능한 사람들이 있다는 것을 깨달았어요. 그리고 사실, 상황이 그렇게 나쁜 것만은 아니라는 것도요. 제가 전에는 모든 자세한 내용에 대해 단지 몰랐던 것뿐이었어요."

"와우, 정말 굉장하네요. 그러면, 무엇을 바꾸고 싶으세요?"

"아마도 몇 가지 정도일거예요. 그렇지만 그것도 팀이 제안을 할 수 있도록 맡겨놓을 겁니다. 모두 자기 일에 전문가들이거든요."

우리의 두 번째 전화통화는 짧았습니다. 그렇지만 우리가 나눈 대화의 여운은 통화가 끝난 후에도 길게 남았습니다. 주디와 팀에게도 그렇기를 바래봅니다.

비록 작을지라도 의미 있는 무엇인가가 잘 움직이고 있음(잘 돌아가고 있음)을 알게 될 때 우리는 상황을 다르게 볼 준비가 됩니다. 우리는 다른 사람들에 대한 끊임없는 평가를 멈추고 그들이 만들어낸 변화를 알아보며 그것을 지켜볼 수 있는 인내를 배우게 됩니다. 여러분도 하루를 시작하며 이런 실험을 한 번 해보시길 권합니다. 한 주 후 더 나아질 수 있도록 기여한 것이 무엇인지에 대해 검토해보세요. 자 이제, 전에는 볼 수 없었던 것 중 새롭게 눈에 들어오는 것은 무엇인가요?

 Reflection Guide

흥분을 하든 걱정을 하든, 우리는 모두 자신이 어떻게 느끼고 있는지를 알고 있으며 그것을 사람들에게 보여주는 자신만의 방식이 있습니다. 여러분이 그러한 순간(기쁨의 순간이면 더 좋겠죠)을 경험했던 때를 기억해 보세요.

- 무슨 일이 있었나요?
- 다른 사람들은 바로 알아보지 못하는 자신만의 특이점은 무엇인가요?
- 여러분이 평소와 뭔가 "다르다"는 것을 누가 처음 알아볼까요?
- 여러분이 어떤 상태인지 사람들은 어떻게 알게 될까요? 사람들이 그것을 알 수 있도록 여러분이 선호하는 방식은 무엇인가요?

Opposite
반대

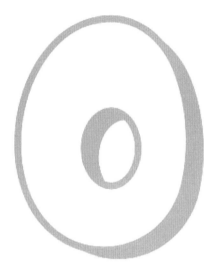

원치 않는 것(부정적 변화) 대신

원하는 것(긍정적 변화) 강조하기

저는 어머니한테 "엄마, 엄마가 세상에서 제일 좋아하는 사람은 누구야?"라고 묻곤 했습니다.

"너지, 꼬맹아."

그런 날엔 제 콧대도 좀 높아지고 마음도 넓어진 것 같은 하루를 보내곤 했습니다. 저의 언니와 오빠는 저와 놀아주기에는 저와 터울이 있었지만, 전 제가 어머니가 제일 좋아하는 자녀라는 것을 알고 있었습니다. 그러던 어느 날 오빠가 부엌에서 어머니를 돕고 있었고 저는 거실에서 놀고 있을 때였습니다.

"엄마" 오빠가 말했습니다.

"그래, 얘야?" 어머니는 거품기를 돌리시며 대답하셨습니다.

"우리 중 엄마가 제일 좋아하는 아이는 누구예요?"

'뭐라고?' 저는 하던 놀이를 멈추고 그들의 대화에 귀를 기울였습니다. 저는 이미 어머니가 제일 좋아하는 자식이 저라는 것을 알고 있었지만, 저의 귀는 여전히 어머니의 대답에 쏠렸습니다.

그런데 어머니는 오빠에게 "너란다 얘야."라고 답했습니다.

'헉!'

제 심장이 쿵하고 떨어졌습니다. '이 느낌은 뭐지?' 마치 방금 뭔가 중요한 것을 잃은 것 같은 느낌이었습니다. 저는 화가나 부엌으로 달려 갔습니다.

"엄… 마…"

"오, 우리 애기, 안녕."이라며 어머니는 뒤에서 어머니를 끌어안고 흐느끼는 저를 향해 돌아섰습니다. 어머니는 제 파란 여름 드레스에 밀 가루가 묻지 않도록 제 머리를 팔꿈치로 부드럽게 쓰다듬어 주셨습니다. 저는 바닐라 냄새가 묻어나는 어머니의 바둑판무늬 앞치마에 제 얼 굴의 반을 묻고, 제가 할 수 있는 한 가장 센 강도로 어머니를 끌어안 으며 오빠가 이 장면을 보고 있는지 나머지 한쪽 눈으로 살폈습니다. 오빠는 능글맞은 웃음기를 띠고 마치 아무 일도 없었다는 듯이 감자를 깔았습니다.

우리 애기, 무슨 일이야?"라며 어머니는 물었고, 저는 어머니의 허 리와 팔꿈치 사이에 얼굴을 묻었습니다.

저는 "아무것도 아니에요. 그냥 좀 피곤해요."라며 어머니의 옷에 눈물을 문질러 닦았습니다.

어머니는 "괜찮니?"라며 부드러운 목소리로 물어봐주셨습니다.

"흐흑!", 저는 의도한 것보다 조금 더 크게 애처롭게 우는 소리를 냈습니다.

"음", 어머니는 저를 떼어놓으시며 제 얼굴을 가까이 보기 위해 허리를 굽히셨습니다. "얘야, 무슨 일이야?"

저는 "엄마 하고만 얘기할 수 있을까요?"라며 오빠에게 얼굴을 돌 리며 웅얼거렸습니다.

"지금 당장? 그렇게 중요한 일이야? 지금 엄마는 네가 제일 좋아하는 쿠키를 만들고 있는 중인데?"

저는 발을 구르며 "네, 무척 중요한 일이에요."라고 단호하게 말했습니다.

"그렇구나. 그러면, 캘빈, 잠깐 얘기 좀 하게 비켜줄 수 있겠니?"

"물론이죠, 엄마."라며 말하는 오빠의 목소리는 더 경쾌하게 들렸습니다. 오빠는 일어나 이내 부엌을 나갔습니다.

어머니는 "그래?"라고 물으며, 한쪽 팔꿈치를 테이블에 올려놓으시고 눈썹을 치켜뜨시고 저를 쳐다보셨습니다. 저는 부엌문이 닫히는 소리를 들으며 어머니를 올려다보았습니다.

"엄마, 엄마가 제일 좋아하는 사람이 제가 맞죠?"

"그럼, 그렇지, 우리 애기"라며 말씀하시는 어머니의 눈은 둥근 초승달 모양이었습니다.

"그렇지만 엄마는 방금 오빠에게 오빠를 제일 좋아한다고 하셨잖아요. 누구를 더 좋아해요, 저예요 아니면 오빠예요?" 제 심장은 빠르게 뛰고 있었습니다. 전 이 질문에 대한 확실한 답이 필요했습니다. 자이제 어머니는 우리 둘 중 한 명을 택해야 했습니다.

"얼굴 찡그리지 말아야지."라고 말씀하시며 어머니는 제 이마에 뽀뽀를 해주셨습니다. "우리 애기, 너희 둘 다란다. 너희 모두지. 누구든 내 앞에 있는 바로 그 사람이 내가 제일 좋아하는 자식이지."

● 효과가 있는 것 활용하기

코칭의 매혹적인 부분 중 하나는 클라이언트가 그들의 상황에 대한 이야기를 할 때 마치 길처럼 그들의 이야기가 직선으로 뻗기도 하

"척도의 어떤 점수라도 그것은 후퇴가 아닌 진전의 메타 포입니다. 더 높아지기 위해 무엇을 해야 하는지에 대해서가 아니라 이미 일어나고 있는 일은 무엇인지 탐색해 보길 권합 니다."

고 휘둘며 굽어지는 것을 볼 수 있는 것입니다. 이야기 속에서 어떤 때는 중요한 결정이나 결심 같은 의도적인 변화가 만들어지기도 하고, 그런 이야기를 할 때 그들은 더 바른 자세로 앉아 말을 합니다. 또, 어떤 기대하지 않은 변화나 뜻하지 않은 실수와 손실 등에 대해 이야기할 때 그들은 허탈하게 웃거나 한숨을 쉽니다. 그러나 그것이 어떤 것이든, 그러한 변화의 지점은 그들이 앞으로 나아가고 있음을 알리는 상징과도 같습니다.

코칭 대화에서 저는 클라이언트의 진전을 시각화시킬 수 있는 방법으로 10에서 1로 이루어진 척도(scale)를 주로 사용하는데, 이때 10에 가까울수록 긍정적인 것을 말하고, 1은 그 반대를 말합니다. 저는 클라이언트가 10에 대해 가능한 가장 자세히 묘사할 수 있도록 초대합니다. 반대로 1은 10의 "반대" 정도로 모호한 상태로 남겨놓습니다.

한 어린 학생은 자신이 10에 있는 상태를 새로 전학 간 학교에서 다른 두 친구들과의 우정이 깊어지는 모습으로 묘사했습니다. 10일 때 그녀는 야외 벤치에서 그들과 함께 점심을 먹습니다. 그들은 학교가 끝나고 중앙 로비에서 만나 집으로 함께 걸어갑니다. 한 고등학교 교사는 자신이 척도의 10에 있을 때 첫 수업에 자신 있게 임하는 모습을 표현했습니다. 그는 웃으며 학생들과 눈을 맞출 것입니다. 그는 손을 흔들며, "모두 안녕."이라고 말하며 교실로 당당히 걸어 들어갑니다. 그는 강의용 탁자를 옮겨 학생들과의 사이에 장애물을 없애고 학생들과 마주하며 서 있습니다.

척도와 같은 단순한 대화 도구를 사용할 때 클라이언트가 10에 있을 때 그들의 삶이 어떤 모습일지 생생하게 표현될 수 있도록 도울 필요가 있습니다. 그렇게 함으로써 여러분들은 그들이 원하는 미래에 대한 상상이 실제로 실행될 수 있도록 초대하는 것입니다. 종종 그러한 생생한 상상은 그들이 잊고 있었던 과거의 경험과 매우 긴밀히 연결되어 있습니다. 다음은 그러한 예를 보여주는 코칭 대화의 한 예입니다.

코치: 그러면, 10에서 1 사이의 척도에서 만약 10은 당신이 말한 그러한 시나리오[예를 들면, 우정을 더 깊게 한다든지 수업 첫날 자신감을 갖는다던지 하는]가 실제로 일어나는 것을 말하고, 1은 그 반대의 경우를 말한다면 오늘 척도 위 어디에 있다고 말씀하실 수 있을까요?

클라이언트: 한 4정도요.

코치: 4점이 당신에게 높다고 하실까요, 아니면 낮다고 하실까요?

클라이언트: 오, 아주 낮은 정도에요.

코치: 아 그렇군요. 그러면, 척도에서 더 높은 적도 있었다는 거군요.

클라이언트: 네, 그렇게 생각해요.

코치: 좋아요. 그러면, 그 경험에 대해서 조금 더 생각을 해보죠. 지금까지 경험하신 것 중 아주 잠깐일지라도 척도 위에서 가장 높았던 점수는 몇 점일까요?

클라이언트: 적어도 8점 또는 9점까지도 있었죠, 한두 번쯤.

코치: 와, 좋습니다. 그것이 언제였나요?

클라이언트: 글쎄요, 한 이주 전쯤이요.

이후 클라이언트는 이미 10을 향해 나아가고 있을 당시의 이야기를 풀어 놓습니다. 예를 들면, 전학을 갔던 그 어린 학생은 지난 주 햇살이 따뜻했던 어느 날 친구들과 함께 점심을 먹었던 것을 기억했습니다. 그 선생님은 2주 전 자신이 자신 있게 진행한 신입생 환영행사를 기억했습니다. 척도 위 10의 반대는 클라이언트의 진전을 측정하기 위한 참조점에 불과합니다. 1점보다 높은 어떤 수라도 그것은 클라이언트의 진전에 대해 더 알아낼 수 있는 일종의 초대입니다. 그들이 척도의 가장 낮은 지점에 있다고 할지라도 우리는 그들이 지금을 어떻게 견디고 있는지에 대해 궁금해 할 수 있습니다. 척도에서 더 낮아지지 않도록 무엇이 도움을 주는지에 대해, 현재의 상황에도 불구하고 그들이 원하는 것에 대해 어떻게 계속해서 기대를 할 수 있는지에 대해 알고자 할 수 있습니다. 결국, 척도 위 어떤 수라도 그것은 후퇴가 아닌 진전의 메타포인 것입니다.

Reflection Guide

우리 모두 삶의 여러 측면에서(관계적, 직업적, 건강상, 재정적, 또 영적으로) 어려웠지만 의미가 있었던 경험을 한 적이 있을 것입니다. 어쩌면 여러분은 그 일을 통해 무엇인가로부터 멀어졌을 수도 있습니다. 어쩌면 무엇인가에 열정을 쏟았을 수도 있을 겁니다. 이제 그런 경험에 대해 생각해 봅시다.

• 어떻게 그런 경험에 참여하거나 기여하기로 결정했나요?
• 어떤 신호가 당신에게 그 경험이 "괜찮거나" 또는 "더 나아질" 수 있음을 알려주기 시작했나요?
• 그런 경험은 지금의 여러분에게 어떤 방식으로 도움이 되나요?

Possible
가능성

가능하고 유용한 것을 활용해 원하는 미래가

이루어질 수 있도록 대화에 초대하기

여러분은 장을 어떻게 보시나요? 어떤 사람들은 살 물건을 목록에 적고, 같은 곳에서 정해진 날에 장을 봅니다. 또 어떤 사람들은 목록을 집에다 두거나 차에다 놓고 내린 채 편한 장소에서 아무런 계획 없이도 장을 봅니다. 그게 제 모습입니다. 즉흥적이고 또 어느 면에선 기회주의적이기도 합니다. 장을 보기 위해 정해진 날이나 자주 가는 특별한 곳도 없습니다. '옥수수'와 관련된 저의 뜻하지 않은 모험이 바로 그런 것의 예가 될 수 있겠네요.

저는 다른 지역에서 트레이닝을 마치고 집으로 가던 중 길가에 손으로 써넣은 "신선한 옥수수"라는 입간판을 보았습니다. 신선한 옥수수라는 말에 조금 사고 싶어 자그만 패밀리 레스토랑이 붙어 있는 축사처럼 생긴 가게 앞 주차장에 차를 세웠습니다. 시끌벅적한 시장은 어렸을 때 어머니를 따라다니던 달콤한 기억을 떠오르게 합니다. 가게에 들어서기도 전 저는 훈연한 햄과 전기구이 통닭 냄새를 맡았습니다. 아마도 옆에 붙어 있는 레스토랑에서 나는 냄새였을 겁니다. 가게에 들어섰을 때 생각보다 큰 규모에 놀랐습니다. 제 왼쪽으로 세 개나 되는 계산대가 고객들로 북적였지만 그 누구도 서두르지는 않았습니다. 오른쪽으로는 쇼핑 카트와 바구니가 쌓여 있었습니다.

저는 '옥수수가 무거우면 얼마나 무겁겠어.'라고 하며 바구니를 집어 들었습니다. 가게에는 여덟 줄의 진열대가 있었고, 저는 이곳저곳을 살펴보기 시작했습니다. 저 또한 일을 끝낸 지라 바쁠 것이 없었습니다. 첫 칸은 문방구류와 철물이 놓인 공간이었습니다. 저는 로컬 마켓치고는 좀 이상하다는 생각을 했습니다. 강력테이프가 할인 중이었습니다. 마침 제게 필요한 물건이었습니다. 주차장의 느슨해진 선반을 묶어 맬 것이 필요했었으니까요. 25% 세일이라니 나쁘지 않았습니다. 그렇게 제 첫 구매품이 바구니 속으로 들어갔습니다. 다음 칸은 홈베이킹을 위한 공간이었습니다. 제가 집에서 빵을 구워먹는 것은 아니지만 베이킹소다가 할인 중이었고, 전 냉장고의 악취를 없애기 위해 그것도 집어 들었습니다.

코너를 돌며 뭔가 저돌적으로 물건을 사기 시작한 저를 발견했습니다. '음, 여기 생각보다 괜찮은데.' "지역에서 생산된 물건들"이라는 글귀가 저를 더 들뜨게 했던 것 같습니다. 저는 감자, 양배추, 당근, 그리고 생강까지도 샀습니다. 저는 감자 스프와 생강당근주스를 좋아합니다. 찐 양배추 쌈도 좋아하는 음식 중 하나입니다. 제 작은 바구니는 곧 여러 가지 물건과 식료품으로 넘쳐났습니다. 저는 여러 가지 가능성을 생각하며 흥분해 있었습니다. 계산대로 향하며 신선한 레몬들이 저를 쳐다보는 것 같았습니다. '오, 훌륭한 차를 만들어 먹을 수 있겠군.' 이제 레몬까지 집어 들어 양손이 꽉 찼습니다.

가게의 앞쪽으로 다가갈 때 손님들이 계산원의 농담에 웃는 것을 들었습니다. 마치 TV에서나 볼 수 있는 친절한 가게같이 느껴졌습니다. 한가운데 있던 계산원이 한 노인 커플에게 손을 흔들며 인사를 할 때 저는 계산대로 다가갔습니다.

"안녕하세요?"라고 말하며 계산대에 제 바구니를 올려놓기 위해 양손에 가득한 레몬을 우선 내려놓았습니다.

"안녕하세요?"라고 말하며 계산원은 호기심을 가지고 제 식자재들을 살폈습니다. 그런 후 경쾌한 목소리로 "오늘 저녁 메뉴는 피시앤칩스인가요?"

"네?"

"피시앤칩스를 요리하실 것처럼 보여서요, 어쩌면 코슬로도?"

"어…" 저는 제가 산 재료들을 쳐다보며 약간 주저하며 말했습니다. "이걸로 그런 것을 요리할 수 있나요?"

계산원은 "글쎄요, 생선이 없긴 하지만, 저흰 어차피 생선을 팔지 않으니까요."라고 말하며 웃었습니다.

"와우, 전 그런 생각은 꿈에도 안 해봤는데요. 그러고 보니 그럴 수도 있겠네요."

저는 계획하지 않았던 식료품으로 가득 찬 무거운 봉지를 들고 차로 걸어오며 옥수수를 빼먹었다는 것을 깨달았습니다. 다시 돌아가는 대신 저는 트렁크를 열고 봉지를 넣었습니다. 이제 저는 다른 곳으로 가야 했습니다. 저녁으로 피시앤칩스를 만들기 위해선 아직 열려있는 생산가게를 찾아야 했습니다.

● 꿈을 명명하고, 두려움을 길들이기

때론 무엇이 가능한지에 대한 상상만으로도 우리의 동기가 높아집니다. 반대로 어떨 때는 그런 행동이 우리의 동기를 식어버리게 할 수

"그 크기로만 본다면 꿈과 두려움은 유사합니다. 다만 나타나는 빈도가 다를 뿐입니다."

도 있습니다. 우리의 꿈과 두려움은 종종 우리가 진정으로 중요하게 생각하는 것에 대한 표현이기도 합니다. 예를 들면, 로또에 당첨되는 것은 존엄과 존중에 대한 제이콥의 표현이었습니다. 실직에 대한 두려움은 자녀를 잘 보살피고자 하는 지니의 가장 깊은 소망이었습니다. 대학교 2학년이었던 앤디는 시험을 두려워했습니다. 실패는 클라이언트가 이루고자 하는 꿈의 다른 표현입니다.

앤디는 우리의 회기에서 "전 다음 주에 있을 기말고사를 망칠까봐 너무 걱정되어요."라고 말했습니다.

저는 "다음 주 시험은 어떤 과목인가요?"라고 물었습니다.

"미생물학이요."

"와우, 미생물학이요." 어렵게 들리는 과목명이 인상적이었습니다. 저는 "쉬울 것 같진 않은데요."라고 말했습니다.

"네, 전혀요."라고 말하며 앤디는 웃었습니다. "그렇지만 전 그 과목을 좋아해요."

"좋아한다고요?"

"네, 정말 좋아해요. 그렇지만 쉽지 않아요. 전 아직 준비가 안 된 것처럼 느껴져요."라며 그는 찢어진 청바지의 느슨해진 부분을 만지작거렸습니다.

"그러면, 시험을 잘 보는 것이 당신에게 매우 중요한 것이군요?"

"네, 이번 시험에서 받는 성적이 제 미래를 결정하게 될 거예요, 아주 많이요."

"그건 무슨 의미인가요?"

"뭐냐면, 제 성적에 따라 생화학을 전공하게 될지, 아니면 내년에 그냥 일반전공으로 가게 될지 결정되거든요."

저는 "그러면, 당신은 생화학을 전공하고 싶어 하는 거군요."라고 말했습니다.

저는 종종 무엇이 가능한지에 대해 생각하는 과정에서 나타나는 두려움의 뒤에 꿈이 숨어 있음을 발견합니다. 이 짧은 대화에서 앤디는 두려움과 꿈(희망) 사이를 왔다 갔다 하고 있었습니다. 앤디는 내년에 생화학을 전공하고 싶었습니다. 그것은 현재 그의 빛나는 꿈이었습니다. 그런데 걱정도 함께 따라왔습니다. '시험이 너무 어려우면 어떡하지? 내가 충분히 준비되어 있지 않다면 어떡하지? 만일 시험에 실패한다면?' 이러한 생각은 꿈의 그림자와도 같습니다.

그 크기로만 본다면 꿈과 두려움은 유사합니다. 다만 나타나는 빈도가 다를 뿐입니다. 여러분의 클라이언트에게 도움이 될 수 있는 가장 유용한 자세는 그들의 꿈을 확장할 수 있는 대화의 빈도를 높이고, 그것의 울림이 커지도록 하는 것입니다.

대화를 나누며 여러분은 그림자보다는 빛을 따라가야 합니다. 여러분은 사람들이 서 있고 빛을 바라보며 어쩔 수 없이 생기는 반영으로서 그림자를 인정해 줄 수 있습니다. 그렇지만 여러분이 클라이언트에게 짐이 되는 그림자를 내려놓을 수 있도록 할 때 자신들이 걱정하는 것이 사실은 진정으로 원하는 것임을 알게 됩니다. 걱정은 그들을 동기화시키는 연료와도 같은 역할을 합니다.

Reflection Guide

누구에게나 "만약 …하면 어쩌지?"와 같이 시작되는 걱정이 있을 수 있습니다. "…해야만 해, 그렇지 않으면…"과 같이 시작하는 바람도 있을 수 있습니다. 그러한 걱정 뒤엔 사람들의 가장 깊은 관심이 숨어 있습니다.

- 지금, 이 순간 여러분을 걱정시키는 것은 무엇입니까? 여러분의 걱정거리를 써보거나 크게 말해 보세요.
- 각각의 걱정에 다음의 질문을 해보세요.
  1. 왜 이 걱정이 중요한가요? (이 질문을 여러 번 반복해도 좋습니다.)
  2. 당신이 가장 걱정하는 것은 무엇인가요? 이것에 대해 정확하고 자세하게 적어보세요.
  3. 이것이 더는 걱정이 아닐 때 당신의 삶은 어떻게 달라질까요?

아래의 실험을 실제인 것처럼 해보세요.

- 여러분이 말하는 대로 이루어진다고 생각해 보세요. 오늘 하루 자신과 다른 사람에게 어떤 말을 해주고 싶은가요?

Question

질문

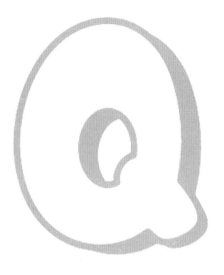

자신이 원하는 목적지를 향해 나아갈 수 있도록

도움이 되고 필요한 것 찾기

여러분은 여행할 때 가방 속에 무엇을 넣고 다니시나요? 가벼운 여행을 선호하시나요? 아니면 많은 것을 챙겨다니시는 편인가요? 여행 가방을 챙기는 여러분만의 비밀은 무엇이고, 또 여러분의 편의를 위한 물건에는 무엇이 있나요?

저는 지퍼락 비닐 봉지에 호텔 주전자를 닦아서 써야 할 때를 대비해 구연산(citric acid)을 조금 넣어가지고 다닙니다. 옷을 건조할 때 넣는 향기나는 종이도 몇 장 넣어두면 가방과 그 안에 있는 모든 것에서 좋은 향이 배서 좋습니다. 저는 또 친환경 강아지 배변 봉투도 챙깁니다. 정말입니다. 멕시코 칸쿤의 모래사장을 걸으며 젖은 신발을 넣기도 하고, 한 주간 록키산맥에 여행갔을 때 가져갔다 남은 음식을 가져오기도 하고, 또 더러워진 세탁물을 넣기도 합니다.

함께 여행하는 사람들은 제가 혹시 모르니 하며 넣어온 물건들을 보며 자주 놀리지만, 오래지 않아 누군가 두통약이 필요해 지거나 상처에 바를 연고가 필요해지고, 심지어 옷핀이 필요하기도 합니다! 제가 이런 경향을 갖게 된 것은 아마도 손주들이 원하는 것이 있을 때마다 꺼내줄 수 있는 작은 봉지로 가득한 큰 가방을 항상 어깨에 메고 다니셨던 할머니의 영향 때문일지도 모릅니다.

"할머니, 저 배 아파요."

그러면 할머니는 가방에서 민트 사탕을 꺼내 주셨습니다.

"할머니, 저 더워요."

그러면 할머니는 부채질을 할 때마다 향기가 나는 작은 나무 부채를 가방에서 꺼내셨습니다.

"할머니, 저 배고파요."

그럴 때 할머니는 랩에 싼 떡을 꺼내 주셨습니다. 긴 여행을 갈 때는 삶은 달걀을 꺼내주시기도 했는데, 이 때문에 차에서 고약한 냄새가 나기도 했었죠.

우리가 커갈수록 할머니는 점점 더 작아지셨지만, 할머니의 가방은 점점 더 커지는 것 같았습니다. 할머니는 한 달에 며칠씩 지내러 오시곤 했는데 할머니의 마술가방은 제가 좋아하는 스낵으로 가득했었습니다. 가끔은 제 첫 워크맨 카세트 플레이어와 같은 깜짝 놀랄 만한 선물도 들어 있었습니다. 할머니는 제가 노란색 워크맨을 가지고 싶어 했다는 것을 어떻게 아셨을까요?

제가 열여섯 살이 되었을 때 부모님은 캐나다로의 이민을 결정하셨습니다. 우리가 토론토로 이사할 준비를 할 때 부모님은 할머니에게 한국에서 계속 살고 싶으신지 아니면 낯선 새로운 나라로 우리와 함께 가서 사실지에 대한 의견을 여쭸습니다. 할머니는 영어도, 운전도 하실 줄 몰랐습니다. 캐나다에 아는 사람 한 명도 없었지만, 할머니는 우리와 함께 가시기로 결정하셨고, 그렇게 우리는 함께 캐나다로 왔습니다. 이후 십년 간 할머니는 주로 집에만 계셨습니다. 제가 대학을 가기 위해 집에서 나왔을 때도 할머니는 집에 계시며 제가 좋아하는 음식을 준비해주시며 바쁘셨습니다. 제가 직장을 얻고 독립을 했을 때 저는 한 달에 며칠이라도 할머니가 좋아하시는(아니면 제가 그렇게 생각했는지 모르지만) 떡과 민트사탕을 사가지고 할머니를 찾아가곤 했습니다. 근처에 있는 쇼핑몰에 모셔가기도 했지만 할머니는 아무것도 필요 없다며 좀처럼 아무것도 사지 않으셨습니다. 할머니는 그저 저와 함께 걷는 것을 좋아 하셨습니다.

그러던 어느 날 전화 한통을 받았습니다. 할머니가 뇌경색으로 간밤에 쓰러지셨다는 것이었습니다. 저는 하던 일을 멈추고 급하게 병원으로 향했습니다. 그 모든 것이 너무 빨리 일어났고, 우리는 너무 늦었습니다. 병원으로 가는 길에 저는 할머니를 얼마나 많이 사랑하는지 마지막으로 말씀드렸던 때를 떠올리려 했고, 또 더 많은 시간을 함께 하지 못한 것에 대해 죄송하다는 말씀을 드리고 싶었습니다.

할머니가 의식을 잃은 채 누워계신 동안 의료진은 제게 뭐라 답해야 할지 모를 수많은 질문을 했습니다. 그들은 집으로 돌아가 할머니에게 중요한 물건 몇 가지를 가져오라고 했습니다.

저는 급하게 집으로 돌아가 할머니 방으로 뛰어 올라갔습니다. 그곳은 응급구조대가 할머니를 급하게 모시고 나간 흔적으로 평상시와 다르게 몹시 흐트러져 있었습니다. 할머니는 옷장을 개인 기도실로 사용하고 계셨습니다. 저는 할머니가 아끼셨던 성경책을 찾고자 옷장을 열었습니다. 옷장의 한쪽 구석에 옷 몇 가지와 가방이 쌓여 있었습니다. 제가 찾던 성경책은 작은 테이블 위에 펼쳐져 있었고, 가운데 부분에는 연필이 놓여 있었습니다. 할머니는 아마 어젯밤에도 그곳에 앉아 계셨던 것 같습니다. 저는 성경책을 집어 들어 제 가방 속에 집어넣었습니다. 그리곤, 옷장을 나오려 돌아섰을 때 '그것'을 보았습니다. 시간의 흐름 속에 낡아버렸지만 익숙한 할머니의 가방이 고리에 걸려 있었습니다.

마치 마술가방을 깨우려는 듯 가방에 다가설 때 "아이고" 하는 소리가 흘러나왔습니다.

텅 빈 가방은 제 손가락 아래에서 바스락 거렸습니다. 저는 조심스럽게 고리에서 가방을 들어 올리고 스냅 버튼 위로 늘어진 덮개를 올려 입구를 열고 내부를 들여다보았습니다. 그 속엔 만료된 여권과 할아버지의 흑백사진들, 오래된 부모님의 사진들, 언니, 오빠, 그리고 저의 오래되지 않은 사진 몇 장, 그리고 제가 전에 뵌 적이 없었던 할머니 친구 분들의 사진이 들어 있었습니다. 그리고 제가 할머니 생신 때, 어버이날에, 그리고 성탄절에 드렸던 모든 카드가 다 들어 있었습니다. 할머니의 다른 특별한 카드 사이로 그 모든 것이 함께 있었습니다. 병원으로 빨리 다시 돌아가야만 했지만 저는 할머니가 바로 거기에 저와 함께 계신 것을 느끼며, 그 사랑의 무게로 마음이 무너진 것처럼 서있었습니다.

● 유용한 가정으로 다르게 질문하기

적절한 질문을 찾는 것은 쉽지 않습니다. 모든 질문이 그렇습니다. 우리가 그것이 무엇인지 모를 때라도 우리의 질문은 '가정'으로 가득 채워져 있습니다. 저는 학생들에게 어떤 가정도 없이 충분히 중립적이라고 생각되는 질문을 찾아보도록 합니다. 학생들은 주로 '잘 지내시죠?' '이름이 뭐예요?' '오늘이 며칠이죠?'와 같은 질문을 생각해 냅니다. 그렇습니다. 이런 질문들은 다른 사람에 대한 친절한 인사말이거

"여러분이 묻는 모든 질문에는 자신의 호기심에 대한 탐색(quest)이 숨어 있으며 대화 상대에게 그것에 대해 답을 해달라는 요청(request)을 가정하고 있습니다."

나, 우리는 최소한 이러한 질문이 중립적인 방식으로 활용되길 기대합니다. 그렇지만 할머니가 돌아가시고 난 후 누군가 저에게 "잘 지내시죠?"라고 별 뜻 없이 물었을 때 그 말은 제 마음을 후비고 지나갈 정도로 날카로웠습니다.

아래에 많은 코치들이 그들의 클라이언트에게 묻는 가장 인기 있는 시작 질문의 예가 있습니다.

- 오늘 무슨 일로 오시게 되었나요?
- 제가 어떻게 도와드릴까요?
- 지금 어떤 감정이 드시나요?

이런 질문들은 무엇을 가정하나요?

"오늘 무슨 일로 오시게 되었나요?"는 무엇인가가 그들이 코치를 찾도록 원인을 제공했음을 가정하는 것입니다. 이 질문은 또한 코치를 찾는 일이 그들의 선택이 아니었다는 가능성을 포함하기도 합니다. "제가 어떻게 도와드릴까요?"는 그들이 도움이 필요하다는 것, 질문을 하는 사람은 그들을 도울 수 있다는 것, 그리고 질문을 받는 사람은 그들이 어떤 도움이 필요한지 알고 있다는 것을 가정합니다. "지금 어떤 감정이 드시나요?"는 감정을 털어놓는 것이 도움이 될 수 있음을 가정하는 것입니다.

바로 이것이 질문을 통해 여러분이 탐색하고자 하는 것(quest)이고, 질문은 도움이 되는 대화를 위해서 여러분이 믿고 있는 정보를 요구(re-quest)하는 행위입니다. 대화에서 질문을 받는 사람은 보통 이러한 질문의 의도에 대해 질문하지 않고 대답을 하기 마련입니다.

코치:　　　제가 어떻게 도와드릴까요?

클라이언트:　글쎄요, 저는 선생님이 …에 대한 결정을 하는 것을
　　　　　　도와주실 것을 기대했습니다.

　코치의 질문에 답을 함으로써 클라이언트는 은연중에 그들이 도움이 필요하고, 코치는 그것을 도울 수 있고, 클라이언트는 어떤 도움이 필요한지 알고 있다는 가정에 동의하는 것입니다. 이제 코치의 가정은 정체성, 능력, 욕구, 그리고 역할 등에 대해 클라이언트와 상호합의된 이해가 됩니다. 우리의 질문은 우리의 언어를 구체화하고, 우리의 언어는 우리가 살아가는 세상을 만들어갑니다. 그런 의미에서 "우리는 우리가 요청한 것을 얻게 됩니다(You get what you ask for)."라는 속담은 사실 대화에서 어떤 질문을 하는가에 관한 말이기도 합니다.

　질문과 대답 사이에서 일어나는 이 복잡한 '춤'이 우리의 일상에서 항상 일어나는 일입니다. 여러분이 묻는 모든 질문에는 여러분 자신의 호기심에 대한 탐색이 숨어 있으며, 대화 상대에게 그에 답해달라는 요청(request)에 대한 가정이 숨어 있습니다. 그래서 어떤 때에는 질문이 초대(invitation)라기보다는 강요(intrusion)에 가깝게 느껴지는 것도 놀라운 일은 아닙니다! 만일 필요하다면, 대화 상대에게 여러분이 무엇을 물어보는지, 또 무엇을 요청하는지에 대해 관찰을 해보시는 것도 좋겠습니다. 여러분의 질문방식은 대화의 과정에 어떠한 영향을 미치고 있나요?

 Reflection Guide

가족이나 가까운 친구에게 아래의 일반적으로 보이는 질문들을 해보세요. 질문을 시작할 때 "질문이 하나 있는데요."라고 하세요.

- [친구에게]오늘 [학교에서, 직장에서, 집에서] 특별히 좋았던 기억은 뭐야?
- 지난 [시간] 주에 배웠던 것 중에 전에는 몰랐던 것인데 지금은 알게 된 것은 뭐야?
- 네가 가장 기대하는 것은 뭐야?
- 너에게 중요한 가치[상황, 결정]에 관해 더 분명해진 것은 뭐야?
- 상황이 힘들지라도 너를 계속 앞으로 나아가게 하는 것은 뭐야?

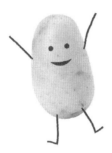

Recent

최근

이미 가지고 있는 자원에 대해 재고할 수 있도록 함으로써

이야기를 재-저작할 수 있게 하기

"**아**빠, 얘기 하나 해주세요." 이것은 제가 제일 좋아하던 주말 저녁 잠들기 전 아버지와의 시간이 시작됨을 알리는 말이었습니다.

어머니도 제게 책을 읽어주셨지만 저는 이미 모든 결말을 알고 있었습니다. 어머니에게 익숙한 이야기를 듣는 것은 금세 잠이 들 수 있는 것에는 도움이 되었지만, 아버지의 이야기는 오히려 잠을 깨웠는데 그것은 오직 주말에만 허락된 일이었습니다. 아버지는 책을 읽지 않고, 우리에게 이야기를 해주셨습니다.

아버지의 이야기는 거의 유사한 방식으로 시작했습니다. 젊고 용감한 학자들이 사람들을 구할 수 있는 비밀을 찾아 멀리 여행을 가는 것이었습니다. 하지만 그 결말은 언제나 달랐습니다. 그래서 전 그 젊은 영웅들이 사람들을 지켜낼 수 있는 비밀을 집으로 가져오기 전까지 눈을 크게 뜨고 기다리고 있었습니다.

한 이야기에서는 영웅이 꺼지지 않는 불을 가진 램프를 가지고 돌아왔습니다. 다른 이야기에서는 사람들을 낫게 하는 힘을 가진 신비한 부싯돌을 가지고 돌아왔습니다. 영웅들은 언제나 불의 냄새를 풍기며

재난이 시작된 지 11시간 만에 도착합니다. 영웅들이 제때 도착하자 마을 사람들은 안도의 한숨을 쉬며 환호를 합니다.

그런 이야기 속에서 한 영웅은 돌아오는 길에 마을 입구 근처에서 악당이 모든 마을 사람들을 인질로 잡은 것을 발견했습니다. 마을 사람들은 밤의 한기와 두려움에 떨고 있었습니다.

우리의 영웅은 "여기 내가 왔다. 그들을 놔줘라."라고 소리를 쳤습니다. 부하들은 칼을 들고 영웅을 둘러싸고 악당은 천천히 다가갑니다. 쿵. 쿵.

부하들은 악당이 우리의 영웅 앞에 설 수 있도록 길을 터주고, 악당의 흉터 진 얼굴은 흔들리는 횃불 아래에서 더욱 위협적으로 보입니다. 그는 위협을 퍼붓기 전 찡그린 얼굴로 영웅을 내려다봅니다.

저는 그의 숨결에서 느껴지는 한기로 몸을 떨고 있습니다. 우리의 영웅은 낡은 망토에 숨겨놓았던 황금 줄에 묶인 낡은 족자 하나를 꺼냅니다. 그녀는 그것을 악당의 얼굴에 들이밀며, 한쪽 끝을 잡고 줄을 당겨 펼쳐 보입니다. 마침내 족자가 풀어지고, 마을 사람들은 모두 숨을 멈춥니다.

그런데 그것은 빈 족자였습니다.

악당은 분노로 고함을 치고, 칼을 들어 영웅을 내려치려 합니다.

"잠깐!"이라 외치며 영웅은 사람들에게 "횃불을 가져오라." 명합니다.

악당은 여전히 칼을 들고 있고, 누군가 우리의 영웅에게 횃불을 넘깁니다.

그녀가 횃불로 족자의 뒤를 조심스럽게 밝히자 신비로운 황금색 글자가 나타납니다. 그제야 악당은 칼을 내리고 글을 읽으려 허리를 숙입니다. 그리곤 사람들 앞에서 그것을 크게 읽습니다. "누구든 이 글을 읽는 사람은 자신의 욕망의 열 배로 소멸할 것이다." 다른 말을 더하기도 전 악당은 무릎을 꿇고 족자는 그의 마지막 숨을 거둡니다.

저는 군중이 끔찍한 두려움에 흩어질 때 이불을 꽉 쥐고 있습니다. 드디어 정의는 실현되었고, 영웅은 승리했습니다.

"아빠, 그러면 족자는 어떻게 됐어요?"

아버지는 "그건 우리도 모른다. 그건 펠럼세스트(palimpsest – 백지 형태로 남겨진 글)였어."라고 말씀하시며 제 이마에 뽀뽀해주시려고 몸을 기울이셨습니다.

"어, 뭐라고요?"

"펠럼세스트는 천년이 된 족자인데 사람들이 계속해서 그 위에 글을 쓸 수 있단다."

"그렇지만 어떻게 그럴 수 있어요?"

"이미 쓰여 있는 내용을 지우고 다시 쓰는 거지. 그렇지만 전에 쓰여진 글의 흔적을 완전히 없앨 수 있는 것은 아니란다."

● 원하는 과거를 공동으로 구축하기

"최근(recent)"이라는 단어의 어원 중 하나는 고대 희랍어로 Kainos를 포함하는데 이는 '새로운' 또는 '신선한'이라는 의미입니다. 또 어떤 사람들은 그것이 라틴어인 *recens*로부터 기원했다고 믿는데, 이는 영어 단어인 "rinse(씻어내다)"와 그 어원이 같습니다. 다른 조합으로서 "최근"이라는 단어는 "새롭게 씻어내기" 또는 "새롭게 하기(refreshing)"로 번역될 수 있는데, 그렇게 함으로써 여러분은 다시 사용하고, 다시

"아주 작은 부분일지라도 사람들은 자신들이 더 원하는

경험, 상호작용, 그리고 상황 등에 대해 기억합니다."

쓰고, 다시 할 수도 있습니다. 그렇다고 이것이 사람들이 후회하거나 불평하는 것만을 다시 하기를 원한다고 가정하는 것은 아닙니다. 최근 이라는 개념은 사람들에게 중요했지만 전에는 알아보지 못했던 순간을 기억할 수 있도록 원했던 과거(preferred past)로 되감기를 해볼 수 있는 기회를 제공하는 것입니다.

브라이언은 두툼한 케이스 파일을 가지고 저의 코칭 팀을 찾았습니다. 그는 지난 일 년 간 여러 명의 치료자와 코치를 만났습니다. 외상후스트레스장애(PTSD)가 의심되었습니다. 그가 가져온 파일에는 그의 트라우마에 관한 이야기가 쓰여 있었는데, 그가 군인으로 파견되었던 시기에 벌어진 한 사건에 관한 것이었습니다. 그는 귀대하기 2주 전 이상하게 조용했던 어느 날 아침에 부대원들과 예정된 순찰을 하였습니다. 그런데 갑자기 그의 순찰견이 흥분하며 줄을 잡아당겼고, 이후 그가 기억하는 것은 길가에 설치된 지뢰로 인해 가장 친한 동료와 순찰견이 목숨을 잃었고, 또 자신도 오른쪽 다리를 잃었다는 것입니다.

이제 일반 시민으로 돌아온 지금도 그의 일상에는 그날을 기억하게 하는 자극이 너무 많았습니다. 지난달에는 식료품을 사기 위해 쇼핑을 나갔다가 누군가 쇼핑 카트를 반납하는 소리에 그에게 달려들었습니다. 그러한 자극에 대한 민감한 반응은 가족에게도 영향을 미쳤고 그는 도움을 원했습니다. 우리 팀과 이야기를 시작할 때 브라이언은 그 이상하게 조용했던 아침에 일어난 사건에 대해 다시 이야기하기 시작했습니다. 그때 저는 그가 이야기를 잠시 멈추도록 요청했습니다.

"브라이언, 당신은 우리 같은 사람들은 상상할 수도 없는 엄청난 일을 겪으신 것 같습니다."라며 저는 진심을 담아 걱정과 감사의 표현을 했습니다.

그는 "네, 그런 것 같습니다."라고 답했습니다.

"그리고 그 모든 것을 겪은 후 당신은 자신과 가족을 위해 좀 더 나아질 희망을 품고 이곳에 오셨습니다."

"네, 전 정말 그렇습니다."

"브라이언, 어떻게 이렇게 하시죠? 이런 믿을 수 없을 정도의 놀라운 회복력을 어디서 배우셨나요?"

브라이언은 눈썹을 찡그리며 멀리 쳐다봤습니다. 그리곤 오므린 입술 사이로 깊은 숨을 내쉬었습니다. 그는 고개를 살짝 끄덕였습니다.

"글쎄요, 제가 말씀드렸던 것처럼"이라고 말하며 그는 저를 쳐다봤습니다. "제가 타일러와 맥스를 잃었던 날…"(여기까지는 지금까지 반복되던 익숙한 오프닝입니다.) "저는 저도 끝난 것이라고 생각했습니다. 제가 생각할 수 있었던 것은 제 가족의 얼굴뿐이었습니다."

그때 제가 할 수 있었던 말은 그저 "음"뿐이었습니다.

"그리고 전 그 순간을 기억합니다. 그게 제가 살기로 했던 때입니다. '이것을 견뎌내자. 나는 내 가족에게 돌아가야만 한다.' 그리고 전 열심히 싸웠습니다. 제겐 다른 선택지가 없었습니다. 그것이 제가 견뎌낼 수 있도록 해준 것입니다."라고 그는 말했습니다.

브라이언은 사고에 관한 얘기를 계속했습니다. 그렇지만 이제 그 이야기는 그의 케이스 파일에 적혀 있던 그 이야기와 전혀 다른 이야기입니다. 트라우마에 대한 것이 아닌 그의 회복탄력성에 대한 이야기였기 때문입니다. 저는 많은 클라이언트들에게 브라이언이 그랬던 것처럼 그들이 원하는 방향으로 나아갈 수 있었던 최근의 시간을 기억할 수 있도록 초대하고, 이를 통해 그들이 자신의 이야기를 다시 이야기하는(re-author) 것을 보았습니다.

37세의 변호사였던 아이보리는 그녀의 오빠와 화해하기를 원했습니다. 그녀는 오빠와 전처럼 다시 가벼운 농담을 하며 장난도 칠 수 있기를 바랐습니다. 다만 일부일지라도 이러한 일이 이미 일어났던 최근의 시간을 기억할 수 있도록 대화에 초대했을 때 아이보리는 2주 전에 있었던 가족 바비큐 모임에서 조카들과 함께 야외 테이블에 앉아 젠가 놀이를 하며 즐거운 시간을 보냈던 것을 기억했습니다.

28세의 초임 교사인 아요는 요구가 많은 부모님들이 배움에 대한 자녀의 과정에 대해 좀 더 인내할 수 있도록 격려하기 위해 교사로서 좀 더 자신감을 갖기를 원했습니다. 아요는 받아쓰기에서 B+를 받은 자녀와 하이파이브를 나누던 한 부모님을 보았던 최근의 일을 기억했습니다.

아주 작은 부분일지라도 사람들은 자신들이 더 원하는 경험이나 상호작용, 또는 상황에 대해 기억합니다. 그 작은 부분에 기초해 새로운 이야기를 써나갈 수 있도록 초대할 때 사람들은 자신이 선호하는 새로운 이야기를 만들어 낼 수 있습니다. 이는 마치 만화경(kaleidoscope)이 시시각각 모양을 바꾸는 것과 같습니다. 새로운 이야기는 자신의 삶을 이해해나가는 새로운 방식이 됩니다.

 Reflection Guide

지난주를 생각하며 다음의 질문에 대해 생각해 보세요.

- 여러분이 삶에서 중요하게 생각하는 것에 대해 다시 생각하게 했던 순간은 언제였나요?
- 재충전이 되고 있음을 느낄 수 있었던 순간은 언제였나요?
- 그런 순간이 있을 수 있도록 어떻게 하셨나요?
- 다음주부터 더 많아지길 원하는 순간은 어떤 것인가요?
- 당신의 삶에서 잘 돼 가고 있는 것은 무엇인가요?

Suppŏse

가정하기

원하는 방향으로의 대안적 가능성에 대해

가정할 수 있도록 제안하기

지난 몇 달간 아버지의 기침은 악화하여 갔습니다. 의사는 처음에는 엑스레이, CT, 다음엔 전신 스캔(PET)을 해보도록 했습니다. 전 그것이 의사가 암을 의심할 때 사용하는 전형적인 검진과정이었음을 알지 못했습니다.

오늘의 약속은 검진 결과를 보기 위한 것이었고, 저는 부모님의 통역을 위해 그들과 함께 갔습니다. 방사선 종양과 의사가 우리를 상냥하게 맞아주었을 때 저는 속으로 '심각한 것이 아닌 것 같아 정말 다행이다.'고 생각했습니다. 의사는 검진 결과를 넘기기 시작했고, 저는 혹시나 몰라 제 노트북을 꺼냈습니다.

"불행히도…"

저는 '문장을 시작하는 얼마나 무서운 단어인가!'라고 생각했습니다.

"…당신의 아버지는 현재 폐암 4기입니다."

갑자기 진찰실 내의 공기가 답답해지기 시작했고, 의사의 목소리는 잘 들리지 않았습니다. 저는 어떤 말을 해야 할지 몰랐고, 떨고 있는 모습을 감추기 위해 양손의 깍지를 끼고 있어야 했습니다. 그런데 제가 어떤 말을 하기 전 아버지가 제 어깨를 가볍게 치셨습니다.

"애야, 의사 선생님이 뭐라고 하시니?" 아버지가 물었습니다.

'맞다. 난 여기에 통역을 해드리기 위해 온 것이지.' 기억해야 했습니다. 전 방금 아버지에 대한 중대한 뉴스를 들었고, 그것을 이제 아버지에게 말씀드려야 합니다.

—

녹초가 되어버린 병원 방문 이후 우리는 조용히 거실에 함께 앉았습니다. 무슨 말을 해야 할지 모른 채 아버지의 옆에 앉아 있을 때 내려앉은 석양은 모든 것을 더 무겁게 만들었습니다. 우리 셋은 어둠이 내려앉는 것을 말없이 지켜보며 점점 더 무거워지는 어둠의 무게를 느꼈습니다.

저는 "불을 좀 켤까요."라며 소파에서 일어나며 말을 했습니다.

아버지는 바닥을 내려다보시며 마치 자신에게 물어보듯 "좀 더 일찍 검진했다면 뭐가 달라졌을까?"라고 말씀하셨습니다.

'저건…. 후회인데.' 저 스스로에게 말했습니다.

불을 키려고 걸어가며 갈증에 목이 타들어 감을 느꼈습니다. 불을 켰습니다. 불빛은 소파에 늘어져 앉아계시는 아버지의 형체를 반 정도 드러나게 했습니다.

아버지는 떨리는 목소리로 "내게 살날이 얼마나 남은 것 같니?"라고 물으셨습니다.

'저건…. 걱정되는 미래인데.' 저는 학생들을 가르치듯 스스로에게 설명을 하고 있었습니다.

저는 다시 소파에 앉아 뒤로 기댔습니다.

아버지는 이번에는 저를 쳐다보시며 "많이도 말고… 2년만 더 살 수 있으면 좋겠구나."라고 말씀하셨습니다.

숨이 멎는 것 같았습니다. 그때, '저건…. 희망이다'라는 생각이 들었습니다. 저는 지금까지 세계를 돌아다니며 희망을 주제로 오랫동안 강연을 해왔습니다. 그런데 지금 저는 제가 사랑하는 아버지가 쓰라린 희망을 말하고 있는 옆에 무기력하게 앉아 있기만 했습니다. 그때 '지금 뭘 하고 있는 거지?'라는 생각이 들었습니다.

"아버지, 아버지가 앞으로 몇 년을 더 사실 수 있을 거라고 한번 상상해 봐요. 전 아버지가 그러실 수 있을 것이라 확신해요. 그러면, 나머지 시간으로 뭘 하고 싶으세요?"

아버지는 천천히 몸을 기울이시며 양 손가락을 모으시고 두통이라도 있으신 듯 미간을 약간 찌푸리셨습니다.

"나는 아마도 지금까지 못 했지만, 항상 해보고 싶었던 것을 할 것 같다."

"그게 어떤 것인데요?"

"네 엄마와 여행을 하는 것 같은…"

"오, 엄마와 어디를 가고 싶으세요?"

"비엔나, 파리, 런던, 쿠바…"

"와, 아주 구체적인데요. 그런 곳들을 왜 가고 싶으세요?"

아버지의 얼굴엔 엷은 미소가 떠올랐습니다. 그리고 다음 말을 하기 전 깊은 숨을 몰아쉬셨습니다.

"글쎄다, 엄마와 48년 전 결혼을 할 때 약속했지. 난 네 엄마에게 지금까지 지구상에 살았던 위대한 위인들의 무덤을 방문하자고 말했었다. 우리는 그분들께 감사할 필요가 있어."

아버지는 계속해서 제가 강연을 할 때 청중 속에 앉아 있고 싶었던 소망에 대해서도 말씀하셨습니다. 아버지는 쓰고 계시던 책도 끝내고 싶어 하셨습니다. 친지들에게 마지막 인사를 하기 위해 한국도 방문하고 싶어 하셨습니다. 그런 것들이 몇 년을 더 살 수 있다면 아버지가 하고 싶었던 일이었습니다.

아버지는 "난 그걸 무덤투어라고 부를 거다."라고 말씀하시며, 자신의 농담에 자조 섞인 웃음소리를 내셨습니다.

그날 저녁 시간이 많이 흐른 뒤 저는 아버지에게 저녁 인사를 하기 위해 1층으로 내려갔고, 그때 아버지가 컴퓨터에서 뭔가를 열심히 찾고 계신 것을 보았습니다. 전 아버지가 자신의 진단과 예후에 대해 찾고 계시리라고 생각했습니다. 가까이 다가가자 아버지가 비행기표를 예매하고 계시는 것을 볼 수 있었습니다. 그 주 부모님은 2주간 쿠바로 여행을 떠나셨습니다.

그렇게 아버지의 투병이 시작되었습니다.

◉ 원하는 미래를 만드는 상상공학자(Imagineer)

모든 후회와 두려움 뒤에는 소망이 숨어 있습니다. 그것이 제가 절망에 빠진 사람들과 대화를 나누며 배운 것입니다. 저의 일은 그 작은 희망을 붙잡고 그것에 집중하여 더 크게 만드는 것입니다. 저는 이것을 '우리가 원하는 미래를 기억하기'로 설명합니다.

그러한 대화에서 여러분은 다른 사람에게 여러분의 선호나 가능성을 강요하지는 않습니다. 사람들은 자신만의 원하는 기억을 만들어 냅니다.

"모든 후회와 두려움 뒤에는 작은 소망이 있습니다. 우리는 원하는 미래에 대한 기억을 만들 수 있도록 그 작은 희망을 어떻게 붙잡고 있을 수 있을까요?"

여러분이 할 일은 강요된 것이 아닌 클라이언트 스스로 만들어 낸 가정된 실재(supposed realities)의 증인이 되는 것입니다. 사람들이 무엇이 가능할지에 대해 상상할 수 있을 때 그것을 어떻게 이룰 수 있을지에 관한 다양한 방식이 나타날 수 있습니다. 이것을 원하는 미래에 관한 "상상공학(imagineering)"이라고 불러도 좋습니다.

두 자녀를 깊이 사랑하고 있는 티나는 부모로서 미숙한 감정에 대해 말하기 위해 제게 왔습니다. 우리 대화의 초반에 그녀는 "제가 달리 바라는 것은 아무것도 없어요. 그저 저와 제 아이들이 행복하길 원해요."라고 말했습니다.

"당신은 아이들이 당신과 함께 행복하길 원하시는군요."라고 반영의 말을 해주었습니다. 그런 후 "아이들이 당신과 행복하다고 가정해보세요. 그러면 어떤 일이 일어나나요?"

"우리는 모두 편하게 함께 재미있는 시간을 보냅니다. 우리는 다른 것에 대해 걱정하지 않을 것입니다. 아이들은 저와 함께 머물며, 말썽에 휘말리지 않을 겁니다."

"좋아요. 그러면, 아이들이 당신과 머물고 모두 편하게 함께 재미있는 시간을 보낸다고 가정해봐요. 그것이 당신에게는 어떤 차이를 만들까요?"

"제가 나쁜 엄마라고 느끼지 않을 겁니다. 그리고… 음…"

"좋아요, 대신 무엇을 느끼실까요?"

"좀 더 좋은 엄마요." 티나는 잠깐 생각에 잠기더니 큰 숨을 들이쉬었습니다. "아이들에게 당연한 좋은 엄마요."

저는 "그러면 아이들에게 당신이 좋은 엄마라고 느꼈던 가장 최근의 시간은 언제였나요?"라고 물었습니다.

"어…. 아마도 지난 토요일이요, 아주 조금이지만요. 애들이 제 침대에서 잠들기 전에 책을 읽어줬어요. 제가 밤사이 외출하지 않고 집에 있었기 때문에 제 침대에서 모두 같이 잤어요."

코칭 대화에서 여러분은 클라이언트의 소망에 대해 대부분 그저 엿볼 수 있을 뿐입니다. 소망은 희미한 형태를 띠며, 많은 경우 사람들의 후회와 두려움 속에 존재감 없이 숨어 있습니다. 우리의 일은 그 희미한 소망에 더 관심을 주고, 그것이 커지게 하는 것입니다. 사람들은 풍부한 자원을 가진 과거라는 실타래로 그들의 원하는 미래를 엮어나 갑니다.

Reflection Guide

해결중심코칭에서 원하는 미래를 상상하는 가장 유용한 방법의 하나는 기적질문을 하는 것입니다. 다음의 질문들에 답할 수 있는 시간을 가져 보시기를 권합니다.

• 한번 가정을 해보는 겁니다(suppose). 그냥 가정이에요. 어떤 일인지 여러분 또는 가족 내에서 여러분이 일어나길 바라는 변화가 밤 사이 주무시는 동안 일어나기 시작하는 겁니다. 마치 기적처럼요. 다음 날 서서히 깨어나며 여러분은 자신과 주변에서 어떤 차이를 발견할까요?
• 기적이 일어난 아침에 당신과 당신 주변에서 발견된 차이를 20개 정도 목록으로 적어보세요.
• 하루를 지내며 당신에게 기적이 일어난 것을 알아볼 사람은 누가 있을까요? 그들은 그러한 차이에 어떻게 반응할까요?
• 여러분의 기적이 종일 계속된다고 가정해 보세요. 그것은 당신이 다른 사람들과 상호작용하는 방식에 어떤 차이를 만들까요? 그들의 삶에는 어떤 차이를 만들게 될까요?
• 지난 며칠이나 몇 주를 되돌아볼 때, 아주 작은 방식일지라도 이미 기적이 일어났던 때가 언제였나요?

Toward

앞으로 나가기

사람들이 원하지 않는 방향으로 나아가는 것을 피하는 대신

원하는 방향을 향해 나아갈 수 있도록 주의를 환기하기

저는 쇼핑몰에서 나와 제 차를 가지러 다른 방향으로 자신 있게 걸어가는 그런 사람 중 하나입니다. 친구들은 종종 GPS가 "신이시여 불쌍한 혜선을 구해주세요(God Please Save Poor Haesun)"의 약자라며 저를 놀립니다. 이동전화기와 GPS가 나오기 전 제가 어렸을 때 저의 형편없는 방향감각은 늘 저를 곤란하게 만들곤 했습니다. 제가 한 국제학교에서 캠프 상담사로 일하던 어느 여름날도 그런 날 중 하나였는데, 그날 저는 아직도 완전히 이해되지 않는 믿지 못할 신비한 기적을 경험했습니다.

저에겐 멕시코에서 온 7살에서 14살까지의 아이들로 가득한 버스가 배정되었습니다. 우리는 브루스 트레일(Bruce Trail)로 알려진 캐나다에서 잘 알려진 등산로를 따라 하이킹을 하러 가는 재미있는 일정이 기다리고 있었습니다. 버스는 등산로 입구에 있는 주차장에 우리를 내려주었고, 90분 후에 다시 그곳에서 만나기로 했습니다. 저는 비상사태에 대비해 무전기도 가지고 있었습니다.

공원 순찰대원은 "나무에 붙어 있는 흰색표식만 따라가면 된다."고 말했습니다. 저는 아이들이 지루해하며 절 조르기 전까지 우두커니 서서 공원 안내도에 그려져 있는 지도를 열심히 공부하고 있었습니다.

저는 "알았다, 알았어, 그래 일단 가자."라며 아이들에게 말했습니다.

발이 빠른 한 아이가 앞으로 달려 나갔고, 한 나무를 가리키며 스페인어로 소리를 질렀습니다. 그는 등산로 표지를 발견했습니다. '잘했다.' 우리는 가끔 나타나는 흰색 표지를 따라 숲속으로 들어가고 이제는 길이 없어지기도 해 다른 길을 찾기도 했습니다. 아이들은 제가 스페인어로 뭐라고 말만 하면 웃어댔습니다. 아이들은 저에게 "사랑해." "너는 바보야." "조용히 해."와 같은 말을 가르쳐줬습니다. 발이 빠른 아이의 이름은 라파엘이었습니다. 라파엘은 영어가 유창했고, 동생인 마샤와 함께 캠프에 왔습니다. 그런데 갑자기 우리 앞의 지형이 험해지는 것을 알 수 있었습니다.

저는 "Cuidado!"라고 말했습니다. "조심해라!" 어떤 아이들은 킥킥 웃었고, 그중 나이가 많은 아이들은 제 얼굴을 쳐다봤습니다.

저는 "애들아, 나무에 표식이 보이니?"라고 물었습니다.

우리는 주변을 살폈습니다. 아무런 표식도 보이지 않았습니다. 우리는 평지에 서 있었지만 제 왼편으로 조금만 가면 가파른 낭떠러지가 있었습니다. 오른쪽은 우리보다 더 키가 큰 우거진 수풀이 있어서 더 나아갈 수 없을 것처럼 보였습니다. 나이가 있는 아이들이 이제 좀 걱정되는 표정을 보이기 시작했습니다.

저는 "걱정하지마. 별 문제 아니다."라고 말하며 무전기를 켰습니다. 갈라지는 소리가 나서 주파수를 조정했지만 별로 달라지지는 않았습니다. 작은 아이가 얼굴을 찌푸리며 제게 다가왔습니다.

아이는 "Agua."라고 말했고 다른 아이들도 그 아이 주변으로 모여들었습니다.

주변이 너무 산만해졌습니다.

저는 "Silencio!"라고 소리쳤습니다. 저는 우왕좌왕 했고 아이들은 시간이 갈수록 지쳐갔습니다. 점점 땅바닥에 주저앉는 아이들이 늘어났습니다. 라파엘이 제 옆으로 와서는 자기가 도울 수 있을지에 대해 물었습니다.

"라파엘, 네가 몇 살이지?"

"열네 살이요."

"좋아… 무슨 아이디어가 있니?"

"제 생각엔 다른 길을 한번 확인해 볼 수 있을 것 같아요."

"안돼, 그건 너무 위험하다. 우린 다 같이 길을 잃을 수 있어."

"아니에요. 그냥 3분간 똑바로 가보고 다시 돌아오는 거예요. 팀워크죠."라고 설명하고, 엄지손가락을 추켜세워 보였습니다. 날은 어두워져 갔고, 저는 달리 다른 선택의 여지도 없었습니다.

"좋아. 그럼 딱 3분 만이다."

라파엘은 주변 지형을 살피기 위해 나이가 많은 아이들을 중심으로 몇 개의 팀을 꾸렸습니다.

저는 "너무 위험해 보이면 꼭 돌아와야 해."고 말했습니다. "그리고 3분이 지나면 즉시 돌아오는 거야."

한 아이가 제게 윙크를 하며 "문제없어요."라고 말했습니다. 그들은 세 방향으로 나눠 흩어졌습니다.

제 시야에서 세 팀이 사라지자 저는 "내 목소리 들리니?"라며 큰 소리로 외쳤습니다. 아이들은 들린다고 소리를 쳤습니다. 불빛은 사라지고, 마지막으로 아이들을 부른 소리에 아무도 대답을 하지 않자 저는 공포에 빠졌습니다. 모든 가능한 최악의 시나리오가 제 머리를 스쳐지 나갔습니다.

마샤는 제 쪽으로 바짝 붙어 앉았고, 저는 아이를 안정시키려 노력했습니다. 제 인생에 가장 긴 6분이 지난 후 라파엘이 수풀에서 튀어나왔습니다.

저는 "돌아왔구나!"라며 안도했습니다.

마샤는 오빠가 돌아온 모습을 보고 참았던 울음을 터트렸습니다. 다른 방향으로 갔었던 아이들도 모두 돌아왔지만 좋은 소식은 없었습니다. 우리의 왼쪽으로는 빠른 물이 흐르는 것처럼 보이는 절벽이 있었고, 오른쪽의 수풀 뒤로는 자연 그대로의 황무지가 있었습니다. 아이들은 아무도 건드리지 않았던 거대한 거미줄을 피해 다녀야 했다고 말했습니다. 마지막으로 돌아온 아이들은 어떤 표식이나 길도 보지 못했다고 말했습니다. 라파엘이 제게 이 모든 것을 보고하는 동안 탐색을 다녀온 아이들은 스페인어로 기다리고 있던 아이들에게 그간의 일을 설명해 주었고, 그 중 몇 명은 울음을 터트렸습니다. 제 인생에서 그런 절박함을 느낀 적은 처음이었습니다. 저는 아이들에게 모두 앉으라고 말하고 좀 진정시킨 후 기도를 할 줄 아는지 물었습니다. 거의 모든 아이들이 손을 들었습니다.

저는 아이들에게 "우리 기도를 해보자. 자 같이 기도하자."라고 청했습니다.

아이들은 손으로 성호를 그리며 눈을 감고 함께 스페인어로 기도를 하기 시작했습니다. 주기도문(the Lord's Prayer)처럼 들렸습니다. 저도 눈을 감고 기도를 시작했습니다.

"하나님, 제발 저희를 도와주세요. 저희를 여기에 남게 하지 말아주세요. 저희에게 구원을 보내주세요."

저와 아이들은 모두 '아멘'으로 기도를 마쳤습니다. 우리가 눈을 떴을 때 갑자기 우리의 오른쪽 수풀이 부스럭 거리는 것을 보았습니다. 저는 놀라 펄쩍 뛰었고, 아이들은 비명을 질렀습니다. 갑자기 반바지와 흰색 티셔츠 차림의 젊은 남자가 나타났습니다. 그는 우리를 보고 별로 놀라는 기색이 없었습니다.

그는 "안녕하세요, 길을 잃으셨나요?"라고 물었습니다.

"네! 네! 제발 저희 좀 여기서 나갈 수 있게 도와주세요."

그 순간 다른 성인을 만난 것은 저에겐 기쁨 이상의 느낌이었습니다.

그는 절벽 쪽으로 걸어 나가며 자신을 따라오라는 손짓을 했습니다.

저는 그를 몇 발자국 따라가다 "아니에요. 그 쪽은 길이 없어요."라고 말했습니다.

그는 "와서 보세요."라고 말했습니다.

우리가 코너를 돌자 숲을 벗어날 수 있도록 만들어 놓은 계단을 볼 수 있었습니다. 계단! 아무것도 없을 것 같은 그곳에 계단이 있었습니다. 아이들이 탐색하러 이미 지나왔던 곳이었는데, 그곳에 그렇게 계단이 있었습니다.

그는 우리보고 "어서요."라며 권했습니다.

우리는 모두 어디로 가는지도 모르며 달렸습니다. 마지막 몇 계단을 더 오르자 사방이 아직 환하게 밝은 것을 알 수 있었습니다. 믿을 수가 없었습니다. 우리가 도착한 곳은 운전기사와 만나기로 했던 바로 그 주차장이었습니다. 너무 혼란스러웠습니다. 우리는 버스도 그곳에서 우리를 기다리고 있는 것을 보았습니다. 기사는 우리를 보며 서두를 것 없다는 듯 손을 흔들었습니다. 제가 고맙다는 인사를 하기 위해 돌아섰을 때 그 젊은 남자는 이미 그곳에 없었습니다.

◉ 회피하는 목표 대신 다가가는 목표에 주목하기

코칭의 방법을 다루는 과목에서 저는 자주 공항의 택시 운전기사와 승객이라는 비유로 첫 강의를 시작하곤 합니다. 만약 여러분이 익숙하지 않은 나라의 공항에 방금 도착해, 택시에 올랐다고 생각해보죠. 운전기사와 인사를 나눌 순 있겠지만 가장 중요하게 나눌 대화는 "어디로 가시나요?"에 관한 것일 겁니다. 운전기사가 여러분이 어디로 갈지에 대해 묻기 전에 어디서 왔는지를 묻는다면 그건 좀 이상하게 느껴질 것 같습니다. 자 이제 운전기사가 그 질문을 했는데 승객이 예상치 못한 대답을 한다고 가정해볼까요:

"어디로 가시나요?"
"멀리요. 아무 곳이나 공항에서 멀리 가주세요."

이 반응은 터무니없습니다. 아마도 운전기사는 여러분을 망명자나 도망자로 의심할 수도 있을 것 같습니다. 제가 만약에 운전기사였다면 택시에서 당장 내리라고 하거나 제가 그 택시에서 내려버릴 것 같습니다!

"무엇을 하려고 하는 목표가 무엇을 하지 않으려고 하는
목표보다 훨씬 수행하기 쉽습니다."

코칭이나 긍정적 변화를 위한 어떠한 대화라도 "어디로 가시나요?"라는 질문으로 시작하는 것이 당연합니다. 그런데 이상하게도 우리는 "어디서 오셨나요?"라는 질문으로 시작하는 경향이 있습니다. 어쩌면 이것은 "문제가 뭔가요?"라고 묻는 우리의 습관 때문일 수도 있는데, 그렇게 함으로써 우리가 다른 사람들의 문제를 해결할 수 있다는 인상을 줄 수 있기 때문입니다. 많은 코치들이 상담사, 심리학자, 의사, 인사관리자, 사회복지사, 또는 치료자와 같은 이전에 수행한 직업에서 이러한 대화의 습관을 그대로 가져옵니다. 이런 질문은 뿌리 깊은 원인을 알아내 진단을 하고, 처방을 내리려는 것입니다. "어디서 오셨나요?"를 대표하는 질문이 바로 "오늘 무슨 일이 당신을 이곳에 오게 했나요(what brings you in today)?"와 같은 것입니다.

만일 여러분이 그러한 질문을 받는 다면 어떻게 답하시겠어요? 어떤 사람은 "저는 어떤 일로 고통받고 있고, 그것이 계속되길 원치 않습니다. 그것을 멈추고 싶습니다."라고 말할 수 있을 겁니다. "그것"은 중독에 관한 것일 수도 있고, 원치 않는 관계나 사람들과의 상호작용 또는 그들에게 우호적이지 않은 어떤 상황에 관한 것일 수도 있을 겁니다. 그러한 답은 "공항에서 될 수 있으면 멀리가주세요."와 관련된 것입니다. 그렇다면 사람들이 "어디로 가시나요?"와 같은 질문에 집중할 수 있도록 그들을 어떻게 도울 수 있을까요? 아래 제리와 제가 나눈 대화를 같이 살펴보도록 하겠습니다.

혜선: 제리, 와주셔서 감사합니다. 자, 오늘 우리가 대화를 나눈 후 당신의 삶으로 다시 돌아갈 때 상황이 당신이 원하는 곳을 향하고 있음을 어떻게 아실 수 있을

까요?

제리: 글쎄요, 만일 제가 참여하는 프로젝트 팀에서 무능한 사람들과 더 이상 마주치지 않는다면요. 그러면 그게 도움이 될 것 같아요. 사실, 다른 사람에게 위임만 할 수 있다면 이 프로젝트에 전혀 관여하고 싶지 않습니다. 이것이 저의 가장 큰 스트레스입니다.

혜선: 좋습니다. 프로젝트로 인해 더 이상 스트레스를 받고 싶지 않으시군요.

제리: 맞습니다. 이 계속된 스트레스가 멈출 수만 있다면요.

지금까지 제리는 뭔가 사라지길 바라는 회피적인 목표(avoidance goals)에 집중하고 있었습니다. 그는 자기 생각에 무능한 사람들과 엮인 불쾌한 업무 환경에서 벗어나고 싶어 했습니다. 사람들이 주로 새해 결심(New Year's resolutions)과 같은 목표를 생각할 때 이러한 회피적인 목표를 세웁니다. 금연을 하거나, 다이어트를 하고, 돈이나 시간 같은 자원의 낭비를 멈추는 것과 같은 것입니다. 그러한 결심이 유지되는 정도는 거의 0에 가깝습니다.

"[계속된 스트레스]가 멈춘다고 가정해보죠. 스트레스 대신 그 자리엔 다른 무엇이 있을까요?"

제가 제리와 대화를 이어나가며 그는 "휴식이요. 제 머리가 쉴 수 있는 휴식이요. 더는 프로젝트에 대한 계획이나 뭐 그런 것에 대해 생각하지 않고, 그냥 조용한 상태로의 휴식이요. 스트레스도 없고, 모두 농담을 주고받으며 즐길 수 있는 여유가 좀 더 있을 것 같아요."

제리의 반응에서 '어디로 가실까요?'에 대한 답변이 보이시나요?

전에 제리는 자신이 원하지 않는 것에 대해 좀 더 분명했지만, 지금은 자신이 원하는 것을 향하고 있습니다. 우리는 이것을 접근성 목표 (approach goals)라고 부르는데, 클라이언트가 무엇인가를 원하는 것입니다. 무엇인가 있는 것 또는 존재하는 것에 대해 작업하는 것이 무엇인가가 없어지는 것에 대해 대화하는 것보다 훨씬 쉽습니다.

"그러면 당신은 머리가 조용해지기를 원하시는군요. 그리고 모두가 서로를 즐길 수 있는 여유를 원하시기도 하구요."

제리는 웃으며 "맞아요, 바로 그거에요."라고 말하며 고개를 끄덕였습니다.

대화를 시작할 때 제리가 한 대답("만일 제가 참여하는 프로젝트 팀에서 무능한 사람들과 더 이상 마주치지 않는다면요. 그러면 그게 도움이 될 것 같아요. 사실, 다른 사람에게 위임만 할 수 있다면 이 프로젝트에 전혀 관여하고 싶지 않습니다.")과 비교해 보면 그 이후 제리의 대답 속에서 큰 차이를 발견할 수 있습니다. "모두 농담을 주고받으며 즐길 수 있는 여유가 좀 더 있을 것 같아요." 이러한 변화가 어떻게 생겼나요? 제리는 단지 자신이 회피하고 싶은 것에 대해 말하는 것에서 더 원하는 것으로 대화의 방향을 바꾸었을 뿐입니다.

 Reflection Guide

우리는 하루에도 수많은 크고 작은 결정을 내립니다. 무엇을 먹을지, 무엇을 입을지, 또 무엇을 말할지와 같은 것입니다. 하나를 결정하는 것은 다른 선택을 적극적(actively)으로 제거하는 것을 의미하기도 합니다. 예를 들어, 우리가 무엇을 먹을지를 결정하는 것은 우리가 무엇을 먹지 않을지를 결정하는 것이기도 합니다. 지난주 여러분이 했었던 여러 선택에 대해 생각해 보세요.

• 당신이 내린 작지만 중요한 결정 중 당신이 원하는 것에 더 가까워지게 한 것은 무엇입니까?
• 당신과 주변 사람들의 안녕을 위해 조만간 어떤 결정이 필요할까요?
• 접근 목표(무엇을 하는)로 변화시키고 싶은 당신만의 회피 목표(무엇을 하지 않는)는 무엇이 있을까요?

Useful
유용함

경험이 어떻게 생겼고, 그러한 경험이 원하는 변화에

어떻게 도움이 될 수 있을지를

새로운 렌즈를 통해 다시 들여다보기

연 휴가 시작되는 긴 주말을 낀 5월에 아버지는 산책하러 나가실 때마다 지갑을 가지고 다니기 시작하셨습니다. 아버지가 30분 내로 돌아오지 않는 날에 우리는 아버지가 뭘 하고 계시는지 알고 있었습니다. 이웃의 차고 세일(garage sale)에서 파는 물건들을 샅샅이 둘러보고 계시는 것입니다. 아버지는 구식 병따개나 수동 공기 펌프 같은 자질구레한 물건들을 사 오셨습니다. 어떨 때는 한 예술가의 진품 그림이나 자전거처럼 쓸모 있는 물건들을 찾아오시기도 하셨습니다. 어느 주말 여름방학을 맞아 집에 돌아와 있을 때 아버지는 여느 때와 같이 산책을 나가셨습니다. 그런데 채 15분도 되지 않아 돌아오셨습니다.

"오, 아버지, 일찍 돌아오셨네요."

아버지는 씩 웃으시곤 차 열쇠와 막장갑을 끼시고는 다시 나갈 채비를 하셨습니다.

저는 "아버지 어디로 가세요?"라고 물었습니다.

아버지는 새 장난감을 가진 아이처럼 의기양양하셨습니다.

"저 아랫길에서 뭘 좀 실어 와야 하는데, 같이 갈래?"

저는 아버지와 같이 가보기로 했습니다. 겨우 두 블록 아래에서 "차고 세일"이라고 쓰인 노란색 표식이 나무에 달린 것을 보았습니다.

길가에는 차 몇 대가 서 있었고, 열댓 명의 사람들이 자잘한 소품 더미에서 뭔가를 열심히 찾고 있었습니다.

저는 "뭘 찾으셨어요?"라고 물었습니다.

만족스러우신 얼굴로 아버지는 저보고 따라오라는 손짓을 하셨고, 우리는 장터로 변한 입구를 가로질러 갔습니다. 아직 궁금해 하며 저는 아버지가 사신 물건이 무엇인지 추측하며 둘러보았습니다. '이 소파? 저 커피 테이블? 오, 저 톱은 아니겠지….' 우리는 그 집의 한 모퉁이를 돌아 뒷마당으로 향했습니다.

저는 "아버지, 거긴 가지 말아야 할 것 같아요."라고 말하며 아버지의 팔을 잡았습니다.

아버지는 "저길 봐라."라며 아버지의 팔을 잡은 제 손에 손을 얹으시며 말씀하셨습니다. 아버지는 다섯 개의 큰 나무 그루터기를 가르쳤습니다. 거기엔 "문씨 가족에게 팔림"이라는 포스트잇이 붙어 있었습니다. 그것이 우리 것이었습니다. 저 나무뿌리들이 우리 것이었습니다.

저는 당황하며 "이거요?"라고 물었습니다.

아버지는 "그래, 이걸 차로 옮기게 도와다오."라고 말씀하시며 끼고 계셨던 막장갑을 제게 끼라고 하셨습니다.

"우리 벽난로는 가스에요. 아버지도 그건 아시죠, 그렇죠?"라며 저는 빈정대는 투로 말씀드렸고, 아버지는 제 셔츠가 더러워지는 건 신경도 쓰지 않으시고 거친 나뭇더미를 제게 주셨습니다.

아버지는 "이건 장작이 아니다."라고 말씀하시며 웃으셨습니다.

아버지는 우리가 그 모든 나뭇더미를 다 옮길 때까지 왔다 갔다 하시며 연신 "실례합니다. 좀 지나가겠습니다."라고 외치셨습니다. 저는 너무 창피했습니다.

"아버지, 이것들은 보물이 아니라 쓰레기잖아요."

아버지는 안경 너머로 저를 보고 웃으시며 "너도 곧 알게 될 거다."라고 말씀하셨습니다.

다음 몇 주간 우리는 아버지가 새로운 프로젝트에 집중할 동안 아버지의 차고에 출입할 수 없었습니다. 우리는 가끔 아버지의 전기도구들이 아버지와 함께 힘들어하는 소리를 들었습니다. 그렇지만 아버지는 매일 저녁 힘들면서도 기분 좋은 얼굴로 저녁 식사에 나타나셨습니다.

그러던 어느 햇볕이 좋았던 두 분의 결혼기념일 전날 아버지는 어머니의 손을 잡고 뒤뜰로 어머니를 안내했습니다. 아버지는 우리 세 남매도 모두 아버지의 '그랜드 오프닝'에 참석할 것을 원하셨습니다. 뒤뜰에는 뭔가로 덮여 있는 작은 언덕이 솟아 있었습니다. 아버지가 아침 일찍 그것을 준비하신 것이 틀림없었습니다.

아버지는 "자 준비됐나요?"라고 말씀하셨습니다.

아버지는 한쪽 끈을 어머니에게 주시며 잡아당기라는 시늉을 하셨습니다. 어머니가 조심스레 커버를 잡아당기자 다섯 개의 아름다운 나무 의자가 나타났습니다. 아버지는 각각의 그루터기에 있는 작은 면들을 깎아내리고 그것을 마치 보석처럼 빛나게 만드셨습니다. 의자는 진한 황토색이었고, 실외에서 사용할 수 있게 방수 처리가 되어 있었습니다. 각 각의 의자에는 M자가 새겨져 있었습니다. 우리는 아버지가 어머니를 안아드릴 때 옆에서 말없이 서 있었습니다.

"여보, 결혼 25주년을 축하해요."

"우리의 과거조차도 바뀔 수 있습니다."

● 과거조차도 바뀔 수 있습니다.

제 코칭에 오는 많은 사람은 토론토 대학의 졸업생을 위한 프로그램을 활용합니다. 이 프로그램을 통해 저는 자녀가 진학할 때까지 몇 년간 양육을 전담하다 다시 직장으로 돌아가고자 준비를 하는 많은 어머니를 만났습니다. 제이미도 그들 중 한 명이었습니다. 그녀는 결혼 전 거의 20년간 프로 사진작가로 일을 한 경력이 있었습니다. 새로운 도시로 이사를 하고 두 아이를 낳았으며, 막내가 다섯 살쯤 되었을 때 그녀는 거의 10년간 전업주부로 일했습니다.

그녀는 "완전히 새로 시작하는 것처럼 느껴져요."라고 말했습니다.

제이미는 "어렵네요. 제가 작가로 일할 때는 디지털 촬영이 없었어요. 저는 주로 35밀리 필름을 썼고 제 암실에서 작업을 했어요. 지금은 모두가 작가 같아요. 지난 10년간 세월을 낭비하며 아이들과 붙어 있는 동안 저만 빼고 세상이 전부 변해 버린 것 같아요."라고 말했습니다. 그녀는 "그렇지만 오해는 마세요."라며 빠르게 덧붙였습니다. "전 제 애들을 너무나 사랑하고, 다시 그래야만 한다고 해도 같은 결정을 할 겁니다."

저는 "그러면, 당신이 전에는 몰랐던 것인데 지난 10년간 배운 것 중에 도움이 되는 것은 무엇이 있나요?"라고 물었습니다.

"맙소사, 놀리시는 거죠? 엄마가 된다는 것은 한 번에 의사, 간호사, 교사, 청소부, 요리사, 비서가 되는 것과 같아요! 제가 솔로 작가로 활동할 때 그 많은 자질구레한 일들을 관리할 줄 알았다면 좋았을 텐데요."

"아하, 좋습니다. 그러면, 이제 그렇게 하시는 법을 배우신 거잖아요. 다시 작가로 활동할 때 그것이 당신에게 어떤 차이를 만들 것으로 생각하세요?"

"글쎄요, 제가 그동안 돈을 벌진 않았지만, 아이들을 키우며 제 예술성까지 놓고 살았다고 생각하진 않아요."

"오, 좋아요. 바쁜 삶 속에서 어떻게 예술성이 살아 있을 수 있도록 하실 수 있었나요?"

"지난 9개월간 다시 일할 것을 기대하며 다큐멘터리를 만들어보았고, 그것을 통해 디지털 미디어에 대해 공부를 할 수 있었어요."

"와, 두 아이를 키우고, 살림하시며 어떻게 시간을 내실 수 있었나요?"

"엄마들은 여러 가지 일을 한 번에 하는 것에 능숙해야 해요. 마치 저글링을 하는 것처럼요. 제 예술성도 제가 놓치고 싶지 않은 공 중 하나에요. 그래서 그렇게 할 수 있었죠."

우리는 45분간 대화를 나눴고, 마지막 부분에서 제이미는 솔로 비주얼 아티스트로서 자신이 생각했던 것보다 이미 더 준비가 되어 있는 것 같다고 말했습니다. 그녀는 어머니로서 수많은 유용한 기술을 배웠고, 그녀는 전보다 더 강해진 모습으로 다시 일터로 돌아갈 수 있었기 때문에 자신의 경력에 유익한 멈춤을 가질 수 있었던 것에 감사했습니다.

여러분도 들으셨나요? 제이미는 처음에 "낭비한 시간"이라고 했는데 이제 "경력에 유익한 멈춤"으로 달리 말하고 있습니다. 제이미의 그 말은 제게 큰 보람을 느끼게 했습니다. 그러한 변화가 어떻게 가능했을까요?

여러분이 다른 사람과 대화를 하며 그들의 과거에 대해 경청할 때 아마도 그것은 그들의 어려움, 실망, 또는 재앙과 같은 일에 관한 것일 수 있습니다. 그렇지만 그러한 일들이 과거의 일이었음을 인지하는 것은 우리에게 엄청난 희망을 주기도 합니다. 여러분이 호기심을 가져야 할 부분은 그들이 그런데도 그러한 경험에 어떻게 대처했는지, 그것에서 무엇을 배웠는지, 그리고 그러한 과거의 경험을 어떻게 가장 잘 활용할 수 있을 것인지에 관한 것입니다. 그럴 때 바로 여러분의 눈앞에서 클라이언트에게 생기는 변화를 직접 관찰하실 수 있을 겁니다. 여러분도 한 번 해보세요. 여러분들이 하는 일에 대한 큰 보람을 느낄 수 있을 겁니다.

Reflection Guide

우리는 자녀의 양육을 위해 또는 질병, 상실, 팬데믹, 사고, 관계의 시작이나 끝 등의 이유로 삶에서 단절을 경험할 수 있습니다.

- 그러한 단절에 어떻게 대처하셨습니까? 누가 또는 무엇이 그렇게 하는 것에 도움이 되었나요?
- 그러한 단절은 오늘의 당신이 되도록 어떻게 도움이 되었나요?
- 그때는 몰랐던 여러분의 가치와 경계 등 자신에 대해 지금 더 많이 알게 된 것은 무엇인가요?

Value
가치

이야기를 경청하며 그 안에 있는 더 깊은

의미와 가치를 이끌어내기

"**제**니, 수업 후에 내 사무실에서 뭘 좀 도와줄 수 있어?"

제니는 사람들이 저를 부르는 이름이었습니다. 열일곱 살에 토론토로 이사를 하는 것은 쉬운 일이 아니었습니다. 그것은 새로운 나라에서 새로운 학교에 적응해야 하는 것을 뜻했습니다. 캐나다에서 제 이름은 너무 "외국스러운(ethnic)" 것으로 여겨졌고, 사람들은 발음하기를 어려워했습니다. 사람들의 노력에도 불구하고 그들은 혜순, 히신, 심지어 후세인이라고 부르기도 했습니다. 저는 영어의 발음 그대로인 제 이름이 왜 그렇게 어려운 것인지 이해할 수 없었습니다: Hae-sun. 제가 고2 때 선생님이 첫날 출석을 부르던 일이 기억납니다.

"다니엘?"

"여기요."

"엘리자베스?"

"네."

"프랭크?"

"여기요."

그런 다음 선생님은 출석을 부르는 것을 잠시 멈추고 그의 다초점

안경을 살짝 들어 앵글을 다시 맞추고 목을 가다듬었습니다.

"음… 문(Moon)? 문은 어디 있니?"라며 물었고, 교실을 둘러보았습니다.

몇몇 아이들은 킬킬거리며 웃었습니다. 누가 아이 이름을 '문(Moon – 달)'으로 지을까요? 저는 그것이 저를 의미하는지 확실치 않았는데 선생님이 다른 아이들은 성이 아닌 이름을 불렀기 때문입니다. 그래서 저는 아무 대답도 하지 않았습니다. 그는 출석 표를 다시 한 번 들여다보더니 다시 한 번 불러보려 했습니다.

"여기 … 하우 … 순 … 문?"

저는, '좋아, 날 부르시는 것 같은데.'라고 생각하며 손을 들었고, 아이들의 웃는 소리는 더 커졌습니다.

선생님은 "오, 거기 있구나."라며 진심을 담은 환영의 목소리와 웃음을 지어 보였습니다. "아, 네 이름이 발음하기가 너무 어렵구나. 어, 그러면, 어디 보자…. 제니는 어떠니? 내 딸의 이름도 제니란다. 맘에 드니?"

여러분이 선생님의 이러한 부적절한 행동에 분노하기 전 이러한 일이 그 당시에는 꼭 이상한 것만은 아니었다는 것을 미리 말씀드리고 싶네요. 선생님은 아마도 고국을 떠나 다른 나라에 와 친구도 없고 그 나라 말도 못 하는 가엾은 한 학생에게 도움을 주려고 했었던 것뿐일 것입니다. 영어를 배우기 전 저는 사람들이 말하는 것을 이해한 척하기 위해 공손하게 고개를 끄덕이는 법을 먼저 배웠습니다. 저는 선생님이 뭐라고 말씀하시는지 잘 몰랐지만, 다시 말씀해 달라고 하지는 못했습니다.

저는 "어…"하며 고개를 끄덕였습니다. 그렇게 저의 새로운 이름이 학교의 기록에 남고 모든 반에서 불리게 되었습니다.

저는 수학과 화학처럼 한국에서 공통으로 사용되었던 기호를 다루는 과목은 잘 할 수 있었습니다. 물리 선생님은 재미있는 분이셨고, 저는 매 시간 꼬박꼬박 출석했습니다. 그렇지만 역사와 생물은 악몽과도 같았습니다. 선생님들이 교실에서 뭘 가르치는지조차도 이해할 수 없었습니다. 새로운 학교에서는 한국에서 사용하는 세계지도조차 사용하지 않았습니다! 저는 제가 느끼는 좌절감을 아직 잘 표현할 수 없었고, 담배를 피우고 수업을 빼먹는 거친 친구들과 점점 더 어울리기 시작했습니다. 어느 날 저는 담배냄새를 풍기며 물리수업에 들어갔습니다.

"제니, 수업 후 내 연구실에서 뭘 좀 도와줄 수 있어?"라며 카루나 선생님이 물으셨습니다. 그는 언제나 즐거운 표정을 하고 있었고, 마치막 농담을 건네려고 하는 그런 모습이었습니다.

저는 저의 제한된 단어로 "네."라고 말하고 어깨를 으쓱해보였습니다.

수업 후 선생님은 제게 수업에서 썼던 몇 가지 기구를 연구실로 가져가는 것을 도와달라고 말씀하셨습니다. 함께 걸어가며 선생님은 제가 물리학을 좋아하는지 물어보셨습니다. 저는 그렇다고 대답했고, 선생님은 과제로 투석기(building a catapult)를 만들어 제출한 것에 대해 칭찬을 하시며, 공을 많이 들인 티가 났다는 말씀을 덧붙이셨습니다. 우리는 기구들을 책상 위에 내려놓았고, 선생님은 저를 향해 돌아서셨습니다.

"제니, 니가 어떤 친구들과 어울리는지 알고 있단다. 네가 아주 영리하잖아. 그것이 너의 최선의 선택이 아니란 것을 너는 알고 있을 것이라 생각해. 나는 네가 아주 큰 잠재력을 가지고 있다는 것을 알고 있어. 그래서 넌 네 친구를 선택하는 것에 대해 좀 더 좋은 결정을 할 필요가 있어."

저는 뭔가에 얻어맞은 듯 멍해져서 서 있었습니다.

"그런데 제니, 네 과제를 찾는 데 시간이 좀 걸렸다."라고 말씀하시며 선생님은 저의 투석기를 가리켰습니다. "네가 거기에다 H.M.이라고 싸인을 했더구나. 그게 뭘 뜻하니?"

"음… 혜선 문. 제 이름이에요."

"혜선. 정말 아름다운 이름이구나. 이름에 어떤 뜻이 있니?"

"네. 그럼요. '은혜를 베풀다(giving grace)'라는 뜻이에요."

◉ 분노는 종종 우리의 가치가 변장한 모습입니다.

"그러면, 직장에서 어떤 것이 변하거나 또는 계속되길 바라시나요?"

요시는 한 프랜차이즈 카페의 창업자이자 소유주였습니다. 그가 카페에 대해 자신이 열정을 바친 프로젝트라 설명할 때 그의 열정이 부드러운 태도에 배어 나왔습니다. 그는 대학캠퍼스 근처에서 작은 커피숍을 시작했고, 분점을 내면서 지역에서 꽤 알려진 곳이 되었고, 이후 그의 사업은 빠르게 성장했습니다. 그러면서 분점들의 품질관리와 관련한 그의 불만도 커졌습니다.

그는 "전 분점들이 과자와 빵의 유통기한(shelf life)에 대한 우리의 정책을 꼭 따르길 바랍니다."라고 말했습니다.

빵과 과자의 종류에 따라 이상적인 유통기한은 네 시간에서 여덟 시간까지 다양합니다. 각 분점은 시작할 때 이 정책을 따르겠다고 약속

"이야기를 나누는 것은 말을 하는 사람이나 듣는 사람 모두에게 매우 환기적인(evocative) 활동입니다. 다른 사람과 이야기를 하며 앉아 있는 동안 여러분이 경청하는 바가 그들에게 자신의 가치를 떠올리게 하기 때문입니다."

을 했지만 그가 현장에 직접 다녀올 때마다 그 정책이 자주 지켜지지 않는 것을 보곤 했습니다. 그는 분점의 운영주가 이익을 극대화하고 싶어하는 마음에 대해서는 이해하지만, 그러한 행위는 제품의 품질을 떨어뜨리는 것이었습니다. 요시는 이 유통기한 정책이 매우 중요하다고 했습니다.

저는 "이 유통기한을 지키는 것이 당신에게 무엇 때문에 그렇게 중요한가요?"라고 물었습니다.

"그것은 그냥 하나의 정책이 아닙니다. 그것은 우리가 고객과 한 약속입니다."

"약속이요? 그것이 무엇을 약속하나요?"

"그들에게 언제나 신선한 음식을 제공하겠다는 약속이죠. 그들이 신뢰할 수 있는 좋은 음식이요." 요시는 마지막 부분을 강조해서 말했습니다.

저는 "그것은 좋은 음식에 대한 약속이군요."라며 다시 한 번 말했습니다.

"네, 그런데 만일 우리가 그것을 지킬 수 없다면 우리에겐 아무것도 남지 않습니다." 그런데 이 지점에서 요시의 단호한 얼굴이 부드러워지더니 갑작스런 웃음으로 바뀌었습니다. "이제 제가 뭘 해야 할지 정확히 알 것 같아요. 지금부터 저는 그 정책을 '좋은 음식에 대한 약속'이라고 부르겠습니다!"

이야기를 나누는 것은 말을 하는 사람이나 듣는 사람 모두에게 매우 환기적인(evocative) 활동입니다. 다른 사람과 이야기를 하며 앉아 있는 동안 여러분이 경청하는 바가 그들에게 자신의 가치를 떠올리게 하기 때문입니다. 사람들은 말할 가치가 있다고 생각하는 것을 말하고,

이때 여러분은 들을 가치에 대해 생각합니다. 그 공간에서 여러분은 무엇을 들을지를 결정합니다. 여러분이 경청해야 하는 이야기는 왜 사람들이 애초에 뭔가 다른 것을 원했는지(목적), 앞으로 무엇을 더 원하는지(선호), 그러한 변화의 결과로 무엇이 달라질지(가능성), 그리고 그러한 방향을 향해 나아가는 것에 이미 효과가 있는 것(진전)에 관한 것입니다. 여러분이 목적, 선호, 가능성, 그리고 진전에 대한 이야기를 경청할 때 지켜지지 않은 정책에 관한 분노는 고객과의 약속을 지키는 것에 관한 가치의 이야기가 될 수 있습니다. 표출된 모든 분노의 뒤에는 지키고 싶은 가치가 숨어 있습니다.

Reflection Guide

함께하는 모든 가족과 집단에는 공식적·비공식적 규칙이 있습니다. 누가 쓰레기를 치울 것인지와 같은 일상적인 것일 수도 있고, 또는 깊숙이 자리 잡은 상호작용 패턴이나 회피하고픈 주제일 수도 있습니다.

- 여러분 가정에 있는 규칙 중 특히 모르는 사람들이 볼 때 이상하다고 할 수도 있는 겉으로 드러나지 않은 규칙은 무엇인가요?
- 주변 사람들이 자주 불평하는 규칙이나 정책은 무엇인가요?
- 그러한 규칙이나 정책에 대해 생각할 때 그것이 약속하거나 지키려고 하는 가치는 무엇인가요?

Wŏnder
궁금해 하기

존중적이고 잠정적으로 대안이 될 수 있는
해석이나 행동을 생각해 볼 수 있도록 제안하기

"**자**, 오늘 수업을 마치고 여러분 삶에서 시도해 볼 수 있는 것은 무엇일까요?"는 제가 코칭 수업의 첫날을 끝내는 방식입니다. 학생들은 그들의 삶에서 당장 실행해 볼 수 있는 통찰과 아이디어를 가지고 있습니다. 그들이 그것을 언어적으로 표현할 수 있도록 돕는 것은 배움의 중요한 부분입니다. 그렇지만 이날은 한 참여자가 수업에 큰 관심을 보이지 않는 것 같아 그 질문을 하기를 주저하고 있었습니다. 그는 그날 종일 별로 말도 하지 않았고, 노트필기도 하지 않았습니다. 그래서 저는 이 수업이 그에게 도움이 될 만한 것이 무엇이 있었을까 의아해 했습니다. 그렇지만 그냥 질문하기로 했고, 놀랍게도 바로 그가 손을 들었습니다.

"네, 알?"

"글쎄요, 전 점심시간에 나가 이걸 사왔습니다."라고 말하며 그는 마카(marker)처럼 보이는 것을 꺼냈습니다.

"보드마카네요."

"네, 건식 마카예요."

"좋아요. 그것으로 뭘 하실 생각인가요?"

"저희 집 욕실 거울에 제 딸을 위해 긍정적인 메시지를 써볼 생각입니다."

전체 클래스는 이 기대하지 않은 달콤한 메시지에 애정이 듬뿍 담긴 반응을 보였고, 저는 그제야 좀 안심이 됐습니다.

"좋아요, 알, 아주 재미있을 것 같은데요. 그 실험이 어떻게 되어가는지 나중에 우리에게 좀 알려주세요?"

저는 다음 클래스가 있기 전 한 주 내내 알의 실험이 어떻게 되었을지 궁금해 했습니다. 그 다음 주에 클래스에 들어 갔을 때 저는 알이 다른 학생에게 둘러싸여 있는 것을 보았습니다. 그들은 모두 함께 웃고 있었습니다.

저는 "좋은 아침입니다."라고 인사를 하고 큰 미소를 짓고 있는 알과 눈이 마주쳤습니다. 제 뒤로 몇 명의 학생이 더 들어오고 모두 자리를 잡고 앉았을 때, 저는 "그러면, 지난주 수업 이후 뭐가 좀 더 좋아지거나, 분명해지거나, 달라졌나요?"라고 물었습니다. 이렇게 묻는 것은 제가 두 번째 수업을 시작하는 방식입니다. 알은 약간 상기된 얼굴로 손을 들었습니다.

"네, 알?"

알은 마카를 가지고 집에서 했던 자신의 실험에 대한 얘기를 했습니다. 그는 집에 도착하자마자 욕실 거울 위에 메시지를 썼습니다. "테일러, 너는 큰 친절한 마음을 가졌다. 아빠는 너를 사랑한다." 그는 큰 하트를 그려 그 사랑의 말이 그 속에 들어갈 수 있도록 했습니다.

다음 날 아침, 알과 부인은 딸이 깨어난 소리를 들었고, 욕실에 갔다 바로 계단을 뛰어내려오는 것을 보았습니다. 딸은 알을 꼭 끌어안으며, "사랑해요 아빠."라고 말했습니다.

다음날 아침 알은 욕실에 갔다가 테일러가 써놓은 메시지를 발견했습니다. "아빠는 세상에서 제일 좋은 아빠에요. 사랑해요. 좋은 하루 되세요." 테일러는 메시지 주변에 수많은 작은 하트들을 그려 넣었습니다. 그것은 그들에게 새롭고, 놀라운 아침이었습니다.

전체 클래스는 "아…"라며 감탄했습니다.

알은 "그게 다가 아닙니다."라며 그의 크고 천진난만한 눈을 반짝였습니다. 그는 집에서 실험을 해본 뒤 직장에서도 비슷한 것을 시도해봐야겠다는 영감을 받았다고 했습니다. 그는 레스토랑을 운영했는데, 그곳에는 약 40명 정도의 직원이 함께 일을 했습니다. 그는 다음 날 마카를 가게에 가져갔습니다. 아무도 출근하지 않은 아침 그는 직원전용 화장실 거울에 "여러분들은 항상 제게 더 좋은 날을 선물해줍니다. 멋진 여러분께 감사합니다."라고 썼습니다.

이후 알은 직원들이 그것을 발견하고 어떤 반응을 할까 기대하며 기다리고 있었습니다. 그렇지만 실망스럽게도 누구도 아무 말도 하지 않았습니다. 알은 좀 혼란스러워 그날 밤 화장실에 가보았습니다. 메시지는 여전히 그대로 쓰여 있었지만 누구도 그것에 대해 그에게 어떤 말도 하지 않은 것을 보고 실망스러웠습니다. 그는 좀 더 잘 보이는 곳에 메시지를 몇 개 더 써넣었습니다. 다음 날 직원들이 도착하고 그들은 몇 번씩 화장실을 사용했지만 아무도 그것을 못 본 것처럼 행동했습니다. 당혹감을 느끼며 알은 다음 날 그 일을 마지막으로 한 번 더 해보기로 결심했습니다. 이제 자신도 이 아이디어의 효과에 대해 의심하기 시작했습니다. 이번에는 그날 출근을 하는 직원들에게 개별적인 감사의 메시지를 남겼습니다. 그렇지만, 여전히 아무도 그것을 알아보거나 관심 두는 것처럼 보이지는 않았습니다.

그는 우리에게 "저는 직원들이 저를 거부한 것처럼 느꼈습니다. 거의 화가 날 지경이었어요."라고 말했습니다. 우리는 직장에서 알이 경험한 실망스런 실험결과에 대한 이야기를 들으며 모두 가슴을 조렸습니다. '너무 감사할 줄 모르는 사람들 아냐!'

"다음 날 전 평소보다 조금 늦게 출근을 했습니다. 그런데 저는 뭔가 잘못되었고, 분위기가 동요되고 있음을 느꼈습니다. 간밤에 청소 용역업체 직원이 거울에 쓰여 있던 메시지를 지운 것이 틀림없었습니다. 모든 직원들은 화가 나 있었고, 저에게 와서 그 메시지가 사라졌다며 그게 얼마나 화나는 일인지에 대해 말을 했습니다. 모두 그것을 읽고 있던 것이 분명했습니다."

클래스 전체는 이제야 크게 웃으며 안도와 만족의 박수를 쳤습니다. 그는 이제 직원들이 서로에게 메시지를 쓰기 시작했고, 몇몇 직원은 고객들이 쓰는 화장실에도 고객에게 감사하는 메시지를 쓰기로 했다는 말을 전했습니다. 대단한 이야기지요. 그것도 불과 한 주 만에 말입니다. 우리 모두는 이 이야기를 축하했습니다. 전체 참여자가 자신에게 좋아지거나 변한 이야기를 나누는 동안 벌써 첫 휴식 시간이 되었습니다. 몇몇은 커피와 스낵을 사러 나갔고, 저는 화장실로 갔습니다. 손을 씻으러 개수대로 갔을 때 저는 '그것'을 보았습니다. 거의 기적처럼, 거울에 쓰인 응원의 메시지와 커다란 하트가 저를 쳐다보고 있었습니다.

"여러분의 세계를 이해하고 조직하는 방식인 여러분의 논리가 그들의 논리에 대해 알아가는 것을 방해할 수 있습니다."

⬤ 조언을 할 때 가장 중요한 것은 우선적으로 다른 사람의 삶의 논리를 이해하는 것입니다.

여러분은 조언을 해야 할 적절한 기회가 자주 있으신가요? 아마도 여러분보다 어리거나, 특정한 삶의 경험이 더 적거나, 조직의 위계에서 "아래"에 있는 누군가에게 조언을 할 일이 있을지도 모릅니다. "거기에 있어봤고, 해봤으니, 내 조언은…"과 같은 것이겠지요. 대부분의 사람들은 좋은 의미지만, "나는 당신이 어려운 방식으로 그것에 대해 배우길 원하지 않아요."와 같은 말로 자신의 조언을 정당화합니다.

이제 걸을 수 있는 아이를 둔 부모님은 갓 태어난 아이의 부모에게 "수면훈련(sleep-train)이 꼭 필요합니다."라고 말할 수 있습니다.

동기강화 연설가는 집에서 가족과의 관계에서 힘들어 하는 십대에게 "너의 꿈을 이루기 위해 너의 잠재력을 최대로 끌어올려야 한다."고 말할 겁니다.

팬데믹 상황에서 병원의 필수 업무를 수행하는 사람들에게 트레이너는 "우선은 자기 자신을 돌볼 시간을 확보하는 것이 필요해요."라고 말합니다.

그런데 이러한 조언들은 종종 "네, 그렇지만…"과 같은 반응을 이끕니다.

갓 부모가 된 부부는 "네, 그렇지만 전 제 아이가 제가 자신에게 관심 없다는 생각을 하길 원치 않아요. 제 아이는 당신의 아이와는 달라요."라며 거절합니다.

화가 난 십대는 "네, 그렇지만 제 가족은 저의 가장 나쁜 부분이 나오도록 저를 자극해요. 당신은 우리 집에서 살지 않잖아요."라며 울며 말합니다.

살인적인 업무량에 지쳐 기진맥진한 간호사는 "네, 그렇지만 당장 사람들이 우리 앞에서 죽어가고 있어요. 당신은 그런 사람들의 얼굴을 본적이 없으시죠."라며 항변합니다.

여러분이 누군가와 대화를 나누고자 앉아 있을 때 중요한 것은 그들이 자신의 삶에 대한 전문가라는 것을 기억하는 것입니다.

코칭 대화에서 우리는 클라이언트가 어떻게 그들의 삶을 살고 있는지 관찰하고 궁금해 합니다. 삶에 대한 그들의 논리는 무엇일까? 이때 기억해야 할 것은 세상을 이해하고 조직해 나가는 우리 자신의 논리가 클라이언트의 논리에 대해 궁금해야 할 우리의 자세를 방해할 수도 있다는 것입니다. 만약 여러분이 그들의 논리를 이해하고자 노력하지 않는다면 여러분의 제안은 기껏해야 억지스러운 조언이거나 그들에게 적절치 않은 의견일 뿐입니다. 그렇다고 제가 여러분의 방식으로 다른 사람의 삶에 기여할 수 있는 가치를 폄훼하고자 하는 것은 아닙니다. 다만, 제가 하는 방식은 클라이언트의 논리를 이해하고자 그저 궁금해 하는 것입니다.

하나의 대안은 우리의 조언이 그것을 받아들이는 사람들에게 어떠한 가치를 제공할 수 있을지에 대해 궁금해 하는 방식으로 접근하는 것입니다.

"충분한 잠을 잘 수 없다는 것은 너무 힘든 일입니다. 아마 벌써 그것에 대해 뭔가 해보신 것이 있을 테지만, 저는 아이에게 수면훈련을 시키는 것에 대해서도 고려하고 계신지 궁금합니다." 갓 부모가 된 사람들이 이것에 대해 뭐라고 반응할 것 같은가요?

"네가 어떤 어려움을 겪고 있는지 잘 모르겠지만 네가 너의 꿈을 따르고 싶어 한다고 생각해. 그러한 어려움에도 불구하고, 네가 진정으로 원하는 것이 이루어진 모습을 생각해 본적이 있는지 궁금하구나." 여러분은 그 십대가 우리의 질문에 어떻게 반응할 것이라고 생각하시나요?

"저는 팬데믹 상황의 현장에서 일을 한다는 것이 어떤 것인지 감히 상상할 수도 없습니다. 그렇지만 저는 이 모든 것에 대처하기 위해 당신이 무엇을 하고 있는지 궁금해요. 왜냐하면 지금의 어려운 상황을 고려할 때 당신이 할 수 있는 최선을 다해 스스로를 잘 돌보는 것이 매우 중요하기 때문이에요." 그 간호사들은 이후 자신들의 삶의 어느 측면에 대해 생각할까요? 자신이 가지고 있는 자원을 활용하는 것에 대해서일까요, 아니면 가지고 있지 못한 것에 대한 불평일까요?

다음에 여러분이 어떤 조언을 하고 싶은 마음이 들 때 잠깐 멈추고 먼저 다른 사람에 대해 궁금해 하실 수 있기를 바랍니다. 그들은 현재의 상황에 어떤 강점을 가져오고 있는지, 그것에 대한 당신의 인정을 어떻게 녹여 넣을 수 있을지, 여러분의 관점이 추가될 여지가 있는지, 그럴 수 있다면 그것을 어떻게 할 수 있을지 궁금해 하며, 그들이 상황을 견디기 위해 활용하는 자원이 더욱 활성화될 수 있는 방식에 대해 궁금해 하길 바랍니다.

 **Reflection Guide**

기술적 진보는 때로 궁금해 하는 우리의 능력을 방해할 수 있습니다. 생각을 해보기도 전 우리는 구글, 시리, 알렉사에게 물어봅니다. 그들은 우리의 궁금함과 질문이 사라지게 합니다. 더불어 시각적인 세상의 소음은 우리의 주의를 쉽게 분산시키기도 합니다. 아래에 몇 가지 활동은 궁금해 하는 여러분의 능력을 향상시키는 것에 활용해 볼 수 있을 것입니다.

- 여러분이 흔들리지 않도록 하는 일상의 의식(아침에 일어나서 처음으로 하는 것이나 잠들기 전 마지막으로 하는 것)은 무엇입니까?
- 지금 여러분이 어디에 있는지 둘러보세요. 무엇이 보이나요? 그것은 무엇으로 만들어졌나요? 그것은 어떻게 작동하나요? 만약 그것이 말을 할 수 있다면, 그것은 무엇에 대해 불평을 할까요? 그것은 당신을 위해 어떤 조언을 할까요?
- 내일 일어나길 바라는 작지만 즐거운 놀라움에 대해 상상해보세요. 그것은 무엇일까요? 그러한 놀라운 일이 생긴다면 당신은 어떻게 반응할까요?

✕

척도 위에 표시하기

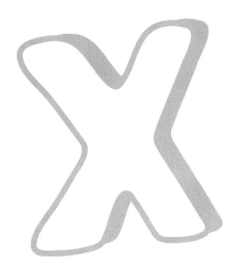

클라이언트의 성장과 진전을 상징하는

메타포로 척도 활용하기

아마 여러분도 집을 수리하는 것과 같은 일을 경험해보셨을 겁니다. 그런 일은 때로 시작할 때의 생각보다 더 커지고, 더 지저분해지고, 더 긴 프로젝트가 될 수 있습니다. 최소한 제 경험은 그랬습니다. 우리 가족의 경우에는 그저 화장실의 세면대를 가는 정도로 시작했습니다. 저의 기억으로는 이 화장실은 몇 년간 사용되지 않았던 상태였습니다.

변기, 욕조, 세면대 모두 60년대 히피 스타일의 핑크색으로 통일되어 있었고, 브라운과 골드로 된 벽면의 구석은 물기에 말려 올라가 있었습니다. 아버지와 오빠, 그리고 제가 황금색 나비가 그려져 있는 벽지를 뜯었을 때 우리는 원래 벽에 쓰여진 연필 자국을 발견했습니다. 우리가 처음 본 것은 "Jim R., 1964"였습니다. 벽의 거의 반을 차지했던 거울을 떼어내자 거울과 조명을 달 때 측정을 위해 써놓은 것처럼 보이는 숫자가 쓰여 있었습니다. 거울 뒷면에는 제조연도가 쓰여 있는 스탬프가 붙어 있었고, "메이드 인 웨스트 저머니(Made in West Germany)"라는 마크가 찍혀 있었습니다. 서독이라니, 그것만으로도 이 집이 얼마나 오래되었는지 알 수 있었습니다. 마지막으로 문 쪽의 벽지를 떼어냈을 때 이전에 페인트로 칠해져 있던 원래의 벽이 나타났고, 거기에는 제 가슴 높이쯤에 "Terry—77/10/11" 그리고 바로 옆 아래쪽으로 "Jimmy—78/5/3"이라는 표식이 나타났고, 비슷한 패턴의 표식이 아래쪽으로 시간을 거슬러 올라가며 쓰여 있었습니다.

아버지는 "아, 이건 성장차트(growth chart)구나"라고 말씀하셨습니다. "테리와 지미는 그들의 이름이겠지!"

아버지는 도구를 내려놓으시고 벽쪽으로 한쪽 무릎을 구부려 앉으셨습니다. 장갑을 벗으시고 마치 그들의 아버지가 자녀의 키를 재기 위해 서 있는 아이들의 이마를 쓰다듬듯이 손으로 그 표시를 만져보셨습니다. 만나본 적도 없는 짐이라는 아버지가 그의 커가는 자녀들의 키를 재는 이미지를 상상하는 것만으로도 아버지의 얼굴에는 웃음이 피어났습니다. 그리고 아버지와 함께 했던 그 발견에 대한 기억은 오늘도 제 마음 속에 굳게 자리 잡고 있습니다.

◉ 척도 위의 모든 지점은 진전의 신호입니다.

10에서 1까지의 척도를 기억하시지요? 저는 이 질문을 자주 여러 형태로 클라이언트들에게 묻곤 합니다. "10에서 1까지의 척도 위에서 10은 당신이 충분하다고 느끼며, 당신의 삶에 꽤 만족하는 것을 의미하고, 1은 그 반대일 때, 지금 척도 위 어디쯤 있다고 생각하시나요?" 저는 때로 화이트보드 위에 마카로 척도를 그리기도 합니다. 때론 마스킹 테이프를 바닥에 붙여 그것을 척도로 활용하기도 합니다. 저는 클라이언트들에게 화이트보드 위에 마카로 X표시를 할 수 있도록 하거나, 바닥에 붙어 있는 테이프 위에 그들이 말하는 지점까지 걸어가도록 합

"척도 위의 X마크는 앞으로 만들어져야 할 진전에 관한 것이 아닌 지금까지 만들어진 진전을 표시하는 메타포입니다."

니다. 선택은 클라이언트들의 것이고 그것은 1에서 10 사이의 어떤 수도 가능합니다. 그들의 선택을 존중하며, 저만의 호기심을 발휘합니다. 저는 무엇에 대해 궁금해 할까요?

마흐무드는 "지금은 여기에 있다고 말할 수 있을 것 같아요."라고 말하며 바닥에 그려져 있는 척도 위에 한 2쯤 되는 지점에서 멈췄습니다.

"좋습니다. 여기쯤이군요."라고 말하며 반발자국 정도 움직여 그의 옆에 섰습니다.

그는 "네, 저는 가야 할 길이 아주 멉니다."라고 말하며, 턱으로 10점을 가리켰습니다.

저는 "좋아요. 당신이 1에 있을 때를 다시 생각해 볼 때…"라고 말하며, 그에게 척도의 반대편을 보도록 했습니다.

그는 "네, 한두 달 전쯤입니다."라고 말했습니다.

"두 달 전에 있었던 지점에서 지금 당신이 있는 이 지점까지 어떻게 오실 수 있었나요?"

"글쎄요, 저는 제 스케줄에 큰 변화를 주었습니다. 그래서 한주에 하루라도 가족과 시간을 보낼 수 있도록 했습니다."

"그러면 당신이 이러한 변화를 만들고 또 가족과 함께 할 시간을 확보하면서 어떠한 긍정적인 차이가 나타나는 것인가요?"

"오, 엄청나죠."라고 말하며 그는 씩 웃었습니다. "제 말은, 제가 일할 수 있는 날이 하루가 적다는 것을 아는 것만으로도 저는 훨씬 더 효율적으로 일할 수 있습니다."

그 말에 우리 둘은 같이 크게 웃었습니다.

"그리고 아이들은 제가 2분마다 전화기나 컴퓨터를 들여다 보지 않고 자기들과 있어주는 것을 좋아합니다." 그는 부인과의 관계에서, 아이들과의 관계에서, 그리고 직장동료와의 관계에서 나타난 변화에 대해 계속해서 말했습니다. 그런 후 그는 "사실, 제게 이것보다 더 높은 점수를 줘야 할 것 같은데요."라고 웃으며 말하고 척도의 앞을 향해 걸어 나갔습니다. 저는 말없이 그의 뒤를 따랐습니다.

대화의 이 지점에서 저는 종종 좀 전 말씀드린 화장실의 '성장 차트'를 기억합니다. 만일 누군가 성장 차트를 미래의 성장을 미리 그려 넣기 위해 사용한다면 좀 이상하지 않을까요? 다음 달까지 얼마나 클 계획이니? 내년까지는? 여러분의 자녀에게 "자, 이게 네가 10월까지 자라야 하는 목표다. 우리 노력해보자!"라고 말하지는 않으시죠? 그렇지만 다른 사람들과의 대화에서 흔히 우리는 성급하게 미래의 성장에 대해 언급하곤 합니다. 성장 차트에 그려져 있는 표식은 언제나 그것을 기록한 바로 그 시점의 키를 재는 것입니다. "이 X지점까지 어떻게 올라올 수 있도록 노력했습니까?"는 "저 X지점까지 가기 위해 어떻게 노력할 것입니까?"라고 묻는 것과 매우 다른 형태의 대화(초대)입니다. 척도 위의 X마크는 앞으로 만들어 져야 할 진전에 관한 것이 아닌 지금까지 만들어진 진전을 표시하는 메타포입니다.

Reflection Guide

우리 자신의 성찰을 위한 유용한 척도를 소개합니다. 아래의 척도 위에 X마크를 해보거나 펜과 노트를 준비해 여러분만의 척도를 그려보세요.

- 10에서 1까지의 척도 위에 여러분의 삶의 어떤 측면에 대해 살펴보는 것입니다. 어떤 영역은 다른 것에 비해 더 강하게 느껴질 수 있을 것입니다. 10은 여러분의 잠재력이 충분히 발휘되었다고 느끼는 부분이고, 1은 그 반대입니다. 아래의 척도 위 어딘가에 X마크를 해보세요.

신체적 성장　　1＿＿＿＿＿＿＿＿＿＿＿＿10
정서적 성장　　1＿＿＿＿＿＿＿＿＿＿＿＿10
재정적 성장　　1＿＿＿＿＿＿＿＿＿＿＿＿10
지적 성장　　　1＿＿＿＿＿＿＿＿＿＿＿＿10
관계적 성장　　1＿＿＿＿＿＿＿＿＿＿＿＿10
영적 성장　　　1＿＿＿＿＿＿＿＿＿＿＿＿10
직업적 성장　　1＿＿＿＿＿＿＿＿＿＿＿＿10

- 조금 더 탐색해 보고 싶은 두 개의 영역을 선택하세요. 이 두 척도 위의 X마크를 볼 때 지금의 지점에 도달하기 위해 어떻게 노력하셨나요? 만일 여러분이 1에 마크했다면 그곳에서 견딜 수 있도록 어떻게 대처하셨나요? 최소 열 개 정도의 반응을 써보세요.

- 선택한 두 영역은 서로 어떻게 연결되나요? 서로가 서로에게 어떤 영향을 미치나요?

- 이것에 대해 생각해 본 후 지금 어떤 아이디어와 통찰이 생겼나요?

Yet
아직 도래하지 않은 미래

진전에 대한 기대를 격려하기

공항에서 누군가 도착하기를 기다려보신 적이 있으신지요? 누군가는 꽃을 들고 있고, 누군가는 "환영"이라고 쓰인 플래카드를 들고 있습니다. 사람들은 출입구 주변을 서성거리며 도착시간을 체크합니다. 사람들은 게이트의 불투명한 유리문이 열릴 때마다 모두 돌아보며, 그곳을 빠져나오는 모든 사람이 마치 유명인이 된 것처럼 느끼게 합니다. 어떤 만남은 그 본질이 분명해 보입니다. 누군가 방금 도착한 한 남자의 이름이 적힌 카드를 들고 있습니다. 두 사람은 악수를 합니다. 아마도 비즈니스를 위한 여행이겠지요. 한 젊은 여성이 작은 여행가방을 가지고 도착하며 수줍게 사람들 사이를 쳐다봅니다.

젊은 남성이 "로라"라고 외치며 꽃을 들고 뛰어 갑니다. 그리곤, 키스, 공항에서 하는 키스치곤 좀 과합니다. 아마도 로라의 연인인가 봅니다. 우리 구경꾼들은 미소를 짓습니다. 꽉 찬 여행가방을 수북이 쌓고, 테이프로 칭칭 동여맨 큰 박스들이 실린 카트가 게이트를 빠져나옵니다. 짐을 옮겨주는 포터의 모자가 겨우 보일 정도입니다. 입구를 지나며 카트가 모서리에 살짝 부딪치자 짐이 한쪽으로 쏠립니다. 우리 중 몇은 순간 숨을 죽이고, 다른 누군가는 "누가 이사를 하나보네."라며 중얼거립니다. 두 남자가 카트로 다가가자 포터 뒤에 있던 왜소한 노인의 얼굴이 밝아집니다. 그녀는 두 남자 중 어린 남자의 얼굴을 만지려 손을 올립니다. 그리곤 양 볼에 뽀뽀를 합니다. 아마도 할머니와 손자인 듯합니다. 우리 구경꾼들은 지나가는 만남에 대한 각자의 상상으로 수많은 이야기를 만들어 갑니다.

게이트가 또 열리고 이번엔 군복을 입은 한 남자가 큰 백팩을 짊어지고 힘차게 걸어 나옵니다. 대기실에 순간 정적이 흐릅니다.

"아빠!" 우리는 한 꼬마의 외치는 목소리를 듣습니다. 우리의 눈은 아빠를 향해 뛰어가는 아이를 쫓아 갑니다. 그는 걸음을 늦추며, 얼굴에는 큰 웃음이 피어납니다. 그 남자는 무릎을 굽히고 그의 손을 쭉 펼칩니다.

"아빠! 아빠!"하고 소리치며 꼬마는 아버지의 품에 안깁니다.

그들의 재회를 보는 것이 우리 모두에게 얼마나 큰 만족을 주던지요. 우리 구경꾼들은 미소를 지으며 감탄사를 내뱉습니다. 우리는 아직 다른 곳을 볼 수가 없습니다. 군인의 눈이 아이와 함께 왔을 엄마를 찾고 있기 때문입니다. 드디어 그는 그녀를 찾아냈고, 우리도 그렇습니다. 그는 아이의 손을 잡은 채 똑바로 일어섭니다. 아내로 보이는 여인이 그 군인에게로 드라마틱하게 걸어갑니다. 곧 둘은 서로를 안을 수 있을 정도로 가깝게 서있습니다. 그들은 아무 말도 하지 않은 채 서로의 얼굴을 뚫어지게 쳐다보고 있습니다. 포옹을 할 건가? 여인은 울고 있나? 그는 어떤 전쟁에 참전했던 걸까? 남자는 한 손으로는 아이를 잡고, 반대편 손으론 여인의 얼굴을 만지려 합니다. 우리의 관심은 온통 그들에게 쏠려있습니다. 여인은 손을 들어 그의 손을 감쌉니다. 그들은 뭔가 말하지만 우리는 무슨 말인지 들을 수가 없습니다. 그런 후 그들은 서로를 안습니다. 짧고 사랑스러운 포옹이 아닌 '정말 당신이군요. 그래, 정말 나야.'라고 말하는 깊고 긴 포옹입니다. 꼬마는 두 사람의 다리를 붙잡고 그 사이로 머리를 파묻습니다. 누가 시작했는지 모르지만 우리는 모두 함께 박수를 치고 있습니다. 군인은 가족과 함께 공항을 빠져나가기 전 우리에게 짧게 손을 흔들어 보입니다. 저는 그날 밤 그들이 어떤 이야기를 나눴을까 몹시 궁금했습니다.

◉ "모르겠어요."를 "아직 모르겠어요."로 받아들이기

열일곱 살의 라일리는 그의 55분 약속에 40분이나 늦게 도착했습니다. 저는 그를 일주일 전에 어머니와 함께 이 약속을 잡기 위해 왔을 때 잠깐 본적이 있습니다.

"라일리! 약속 시간 내에 도착했구나."

그는 문 앞에 서서 "네."라고 말했고, 그의 가방은 한쪽으로 흘러내리고 있었습니다.

저는 "들어와 앉아."라고 말하며 일어나 컨설팅 탁자 쪽으로 자리를 옮겼습니다. 그는 제 앞의 의자에 털썩 앉았고, 그의 후드 티는 아직도 그의 머리에 덮혀 있었습니다.

"라일리, 학교에서 바로 온 거야?"

"네."

"좋아. 넌 우리에게 남은 시간(15분)을 어떻게 쓰길 원하니?"

그는 어깨를 으쓱해 보이며, "모르겠는데요."라며 웅얼거리듯 말했습니다.

"대화는 함께 대화를 하는 사람이 자기 자신의 증인이 될 수 있도록 합니다. 사람들은 자신이 선호하는 목적지에 도착하는 자신의 모습을 직접 볼 수 있는 기회를 갖게 됩니다."

"좋아, 넌 그것에 대해 아직 모르는 거구나."

"어—허."

"그러면, 시간을 좀 가지고 그것에 대해 생각해보길 원하니? 아니면 이미 어떤 아이디어가 좀 있니?"

그는 급히 숨을 들이마셨습니다. "제 일에 아무도 간섭하지 않는 것, 뭐 그런 건가요?"

"그건 무슨 뜻일까?"

"엄마가 절 여기로 보냈잖아요, 그렇죠?"

"그렇지."

"엄마는 좀 진정하셔야 해요. 전 이미 전에 하던 그런 것들을 안 하거든요."

"네가 그렇다고?"

"어—허."

"그런데 엄마는 아직 그것에 대해 모르시는거니?"

"모르세요. 이건 제 일이에요. 아무도 알 필요가 없다고요."

"좋아, 그러면 넌 엄마가 진정하시고, 너의 일에 간섭하지 않길 원하는구나."

그는 "있잖아요, 전 더 이상 애가 아니라고요."라고 말하며, 눈을 굴렸습니다. "엄마는 제가 이제 성인이라는 것을 알 필요가 있어요."

"좋아. 엄마는 네가 성인이라는 것을 아직 모르시는구나."

"아니요, 몰라요."

"그러면 네가 성인이 되었다는 것을 엄마는 어떻게 아실 수 있을까?"

그는 그것에 대해 답하는 것을 꺼리는 것처럼 보였지만, 그 질문은 라일리가 전보다 건강한 결정을 하고 있다는 사실을 어머니가 알 수 있도록 할 필요가 있음을 인식할 수 있도록 도왔습니다. 그는 올해 학업에 좀 더 집중하기로 한 결정을 어머니에게 아직 얘기하지 않았습니다. 그는 그간 하던 약물도 이미 끊었다는 것을 아직 어머니에게 말하지도 않았습니다. 사실, 그는 자신의 첫 차를 사기 위한 돈을 모으기 위해 아르바이트도 알아보고 있었지만, 어머니는 그것에 대해서도 모르고 계셨습니다. 15분의 대화를 마치고 떠나기 전 라일리는 어머니와 더 많은 대화를 나눠야 할 필요가 있음을 알게 되었다고 말했습니다.

라일리는 "다음 주에 봐요."라는 말을 남기고 나갔습니다.

저는 "그래, 라일리."라고 말하고 웃었습니다. 그는 아직 다음 약속을 잡지 않았고, 전 그가 잘 지내고 있을 것이라 생각합니다.

대화는 대화에 참여하는 사람이 자신의 증인이 될 수 있도록 하기도 합니다. 사람들은 자신이 원하는 목적지에 도착하는 자신의 모습을 직접 볼 수 있기 때문입니다.

사람들은 항상 어떤 방식으로든 스스로를 도우려 노력합니다. 여러분이 대화에서 다른 사람의 자원과 강점이 나타나기를 기대하며 기다릴 때 어떤 일이 벌어질까요? 자원과 능력 같은 것이 나타날 때 여러분은 친절하게 대화 상대에게 지금 대화에서 어떤 일이 일어나고 있는지, 그들에게 어떤 이야기가 더 분명해지고 있는지에 대해 자세히 주목해 보도록 초대할 수 있습니다. 이야기는 원하는 곳에 도착하길 바라는 우리의 기대 속에 있습니다. 우리가 해야 할 것은 이야기가 잘 도착할 수 있도록 안내하고 기다리는 것입니다.

 ## Reflection Guide

"아직"이라는 단어는 기대의 공간을 만듭니다.

- 아직 도착하길 기다리는 여러분의 이야기는 무엇인가요?
- 아직 배우지 않았지만 항상 배우길 원했던 것은 무엇이었나요?
- 여러분이 관심 있어 하는 아주 오랫동안 알고 있는 누군가를 생각해보세요. 여러분은 그들 자신도 아직 갖지 못한 어떤 희망을 그들에게 갖고 있나요?
- 여러분의 삶에서 적극적으로 성장하고 있는 부분은 어떤 측면인가요? 여러분은 어떤 사람이 되어가고 있나요?

Zerŏ

제로, 진전의 메타포

척도의 가장 낮은 지점에 있을지라도 가능성에 초점두기

아 이를 키우는 것이 항상 쉬운 것은 아닙니다. 언제 그런 적이 있기는 했던 걸까요? 코로나 팬데믹이 덮쳤을 때 십대인 제 조카들이 그들의 부모님이 병원 종사자여서 저와 함께 지낸 적이 있었 습니다. 저는 아버지가 돌아가신 후 어머니와 살고 있었고, 우리는 텅 빈 집같이 느껴지던 곳에 아이들이 들어오는 것을 반겼습니다. 전 이 기회가 어머니에게도 아버지에 대한 생각을 하지 않는 것에 도움이 될 수 있을 것이라 생각했고, 또 다 큰 애들을 봐주는 것이 '어려우면 얼 마나 어렵겠어.'라고 생각을 했습니다.

처음에 아이들은 온라인으로 수업을 들으며 종일 집에 머물렀습니 다. 저 또한 온라인으로 수업을 진행하며 종일 집에서 지냈습니다. 서 로의 생활 리듬에 적응하는 데에는 우리가 생각했던 것보다 더 오랜 시간이 걸렸습니다. 가장 어려웠던 부분은 서로의 대화 방식을 배우는 것이었습니다. 그들은 저의 모든 질문에 "아무것도 아냐(nothing)."라고 답하는 이상한 습관이 있었습니다.

"애야, 아침을 좀 차려 먹으면 어떨까?"라고 물었습니다.

신선한 음식과 재료가 가득한 냉장고 문을 언짢은 듯 닫으며 큰조카인 제레미는 "먹을 게 아무것도 없어요."라고 말했습니다. '우유, 요거트, 버터, 잼, 와플 등이 안 보인단 말인가!'

저는 한 겨울 외출을 하려고 하는 네이선에게 "너무 춥게 입은 것 같다."라고 말했습니다.

그는 "입을 것이 아무것도 없어요."라고 말하며 어깨를 으쓱했고 목도리, 모자, 장갑조차 끼지 않은 채 집을 나섰습니다. '진짜? 아래층에 있는 옷장은 못 본걸까?'

때로 주말에 저는 아이들에게 "얘들아, 왜 한낮까지 잠을 자니?"라고 물었습니다.

그들은 마치 미리 짜기라도 한 것처럼 동시에 "아무것도 할 것이 없어요."라고 말했습니다.

"그래? 너네 방을 본적이 있니? 청소가 좀 필요해 보이던데. 과제는 끝냈어? 햇볕이 너무 좋다. 밖으로 좀 나가!"

저는 종종 이 자라나는 십대들에게 너무나 명백하게 부족해 보이는 동기와 관심에 대해 어머니에게 불평을 하기도 했습니다. 어머니는 그저 웃으며 듣기만 하셨습니다. 어느 날 제가 정확히 그것에 대해 어머니에게 불평을 할 때 마침 제레미가 졸린 눈을 비비며 주방으로 들어왔습니다. 정오가 훨씬 지난 시간이었고 저는 도저히 더는 봐줄 수 없다는 얼굴을 하고 있었습니다.

"안녕, 어린 왕자님. 아직도 충분히 못잤니?"라며 어머니가 상냥하게 물어보셨습니다.

제레미는 하품을 하며 "오, 좋은 아침이에요 할머니."라고 중얼거리며 냉장고 문을 열려 했습니다.

저는 "좋은 오후겠지."라며 말을 가로챘습니다.

아무 반응도 없었습니다.

어머니는 "뭘 만들어 먹을 계획이니?"라고 물으셨고, 제레미는 냉장고의 양쪽 문을 활짝 열어놓고 마치 그 속이 텅 빈 듯이 음식으로 가득 찬 냉장고를 쳐다보고 있었습니다.

"네, 어쩌면요."라고 말하며, 그는 달걀 몇 개와 냉동와플을 집어 들었습니다. 아마도 그것이 냉장고의 가장 앞쪽에 있었기 때문이었을 겁니다.

어머니는 "달걀은 어떻게 요리할 거야?"라고 물으셨습니다.

'오, 엄마, 걔는 아마 가스불을 어떻게 켜는지도 모를걸요.'

그는 달걀을 스토브 옆에 내려놓더니 "음…"이라고 말했습니다.

"만일 네가 달걀을 삶을 거라면 나도 하나 먹고 싶구나."

그 말은 좀 이상했습니다. 어머니가 브런치를 드신 것이 한 시간도 채 되지 않았거든요.

그는 "네, 알겠어요."라며 아무것도 아니라는 듯 대답하더니, 저에게 "이모도 하나 드실래요?"라고 물었습니다.

저는 배가 불렀지만 아니라고 대답하고 싶지는 않았습니다. 제가 그것에 대해 생각하고 있을 때 어머니가 끼어들었습니다.

"너무 좋구나. 네가 우리를 위해 요리를 하다니!"라고 말씀하시며 냄비에 물을 채우고 있는 제레미를 격려하셨습니다.

일어나 그를 위해 스토브의 불을 켜주려 할 때 어머니는 제 무릎에 손을 살짝 올려놓으시며 저를 말리셨습니다. 제레미는 냉장고에서 달걀을 몇 개 더 가져오더니 모두 냄비에 넣었습니다. 그리곤 스토브를 마치 매일 해왔던 것처럼 자연스럽게 켰습니다. 그뿐만 아니라 소금과 식초도 조금씩 냄비에 넣는 것이었습니다.

'뭐야? 저건 엄마가 내가 어릴 때 달걀이 깨지지 않도록 가르쳐주신 방식인데. 쟤가 저걸 어떻게 알았지?'

어머니는 "와, 너 그렇게 하는 것도 알고 있구나?"라며 진심으로 감동한 말투로 말씀하셨습니다. 사실 저도 그랬습니다.

"네, 전에 두 분이 그렇게 하시는 것을 본적이 있어요."라며 아무것도 아니란 듯 말하곤, 와플을 토스터기에 넣었습니다.

저는 기분 좋게 끼어들며 "스스로 아침을 차릴 줄 알다니 정말 좋구나."라고 말했습니다. "아침은 하루 중 가장 중요한 식사다!"

제레미는 "음… 지금은 오훈데요, 이모. 이건 점심이에요."라며 달걀 타이머에 시간을 맞추며 제 말을 고쳐주었습니다. "달걀의 익기는 어느 정도가 좋으신가요?"

● 진전이 있음을 가정하기

저는 해결중심접근과 코칭의 개발자인 김인수와 스티브 드 쉐이져의 많은 일화에 대해 들었습니다. 같은 접근의 개발자이자 부부였던 그들은 같은 실천접근에 대한 서로 다른 관점에 대해서 공식 석상에서 자주 언급을 하기도 했습니다. 즉, 해결중심접근을 실천하는 방식은 다양할 수 있다는 것입니다. 예를 들면, 스티브는 척도질문을 아래와 같은 방식으로 하기를 즐겼습니다:

"사람들은 그들이 생각했던 것보다 원하는 것에 훨씬 가까이 있다는 것을 깨닫게 됩니다. 이것은 자원활성화의 과정으로 불리기도 하고 저는 그것을 '일상의 마법(ordinary magic)'이라고 부릅니다."

실천가: 그러면, 0에서 10 사이의 척도 위에 지금 어디에 있다고 말씀하실 수 있을까요?

클라이언트: 음… 아마도 오늘은 0인 것 같아요.

실천가: 오늘 굉장히 힘든 하루를 보내고 계시는군요. 그런가요?

클라이언트: 네.

실천가: 그러면, 당신은 삶이 이렇게 힘들 때 어떻게 견디시나요? 무슨 말이냐면, 이렇게 힘든 날 어떻게 이곳에 저를 만나러 오실 수 있었을까요?

인수의 척도질문은 미묘한 차이지만 다르게 들립니다. 인수는 클라이언트에게 이미 진전이 있음을 가정하며 질문을 했습니다.

실천가: 그러면, 1에서 10 사이의 척도 위에 어디에 있다고 말씀하실까요?

클라이언트: 아마도 1점. 1점 아니면 2점이요.

실천가: 1점 아니면 2점이요. 와우, 지금까지 굉장히 힘드셨군요.

클라이언트: 네.

실천가: 그렇지만 어떻게든 유지를 하고 있군요. 포기하지 않으시면서요.

클라이언트: 네, 전 포기하지 않아요.

실천가: 그러면, 당신을 계속 움직이게 하는 것은 무엇인가요? 어떻게 0은 아니죠? 이미 1점이나 2점에 계신

거잖아요?

　위의 대화는 설명을 위한 예입니다. 그럼에도, 여러분은 위의 두 대화에서 어떤 차이를 보셨나요? 이 두 훌륭한 실천가 사이의 유사점은 무엇이었나요? 척도의 아래 점수가 0(스티브의 경우)이나 1(인수의 경우)에 상관없이 두 실천가는 이미 진전이 있음을 가정하며, 그것에 대해 탐색하려는 일관된 모습을 보입니다. 우리의 친구, 가족, 그리고 동료들과 나누는 일상적인 대화에서 종종 우리는 동기가 "전혀 없다."거나, 아이디어가 "없다.", 돈이 "충분하지 않다." 또는 기회가 "부족하다."와 같은 말을 하며 한탄하는 것을 듣습니다. 처음에는 그것이 무엇인가 결핍된 것에 관한 것처럼 들리지만, 여러분은 그들이 무엇인가에 대해 염려하고 있으며, 결핍된 부분이 있을지라도 다른 무엇인가가 존재함을 듣게 됩니다. "동기가 없을 때조차도 어떻게 그렇게 할 수 있나요?"라는 질문은 애초에 왜 그렇게 하고자 했는지에 대해 다시 기억나도록 할 수 있을 것입니다. 그것은 그들의 목표에 더 다가설 수 있도록 합니다.

　"충분한 돈이 없음에도 불구하고 어떻게 자신뿐만 아니라 가족까지 함께 살 수 있도록 해오셨나요?"라는 질문은 클라이언트가 그들의 상황에도 불구하고 삶에서 무엇인가 기능적인 부분이 있음을 생각해 볼 수 있도록 초대합니다. 그들의 진전을 함께 찾아내는 것입니다. 그렇게 함으로써 그들이 원치 않는 대인관계와 상황에 대처할 수 있도록 이미 사용하고 있는 자원과 기술을 다시 기억할 수 있도록 합니다. 작지만 성공의 순간을 통해 클라이언트의 유능성은 강화됩니다. 짧은 만남의 끝에서 사람들은 그들이 생각했던 것보다 원하는 것에 훨씬 더 가까이 있음을 깨닫게 됩니다. 대화에 관한 이론에서 우리는 이것을 자원활성화의 과정이라고 명합니다. 저는 이것을 우리의 평범한 삶 속에서 일어나는 '일상의 마법(ordinary magic)'이라고 부릅니다.

Reflection Guide

"그라운드 제로(ground zero: 911 세계무역센터 테러현장을 그라운드 제로로 표현하기도 함)"라는 말을 들어보셨을 겁니다. 그것은 강렬한 변화의 중심으로 정의될 수 있는데, 우리에게 무엇이 일어났는지, 전에 어떤 모습이었는지, 무엇이 다를 수 있었는지에 대해 기억할 수 있게 합니다. 종종 그것은 우리의 후회와 두려움, 또 분노의 원천이 되기도 합니다. 그렇지만 그것은 거기에서 끝나지 않습니다. 그라운드 제로는 더 많은 가능성으로 우리가 잃은 것을 넘어서 새롭게 기억하고, 다짐하고, 다시 일어날 것을 요구하기 때문입니다.

- 여러분의 삶에서 그라운드 제로를 경험했다면, 그것을 겪으며 여러분이 가장 크게 배운 것은 무엇이었나요?
- 그러한 의심, 분노, 그리고 두려움의 순간에 도움이 된 것은 무엇입니까?
- 만일 여러분이 지금 그라운드 제로를 경험하신다면 이것을 다 겪은 후 이 시간이 어떻게 기억되길 바라나요? 그라운드 제로의 경험이 당신의 삶을 어떻게 변화시키길 바라나요?

저자에 관하여

Haesun Moon(문혜선) 박사는 커뮤니케이션 과학자이자 교육자이며, *Thriving Women, Thriving World: An Invitation to Dialogue, Healing and Inspired Actions*을 비롯한 여러 협력서적과 전문 코치를 위한 핸드북인 *Foundations of Brief Coaching*의 저자입니다. 맥매스터대학에서 생명과학과 심리학을 전공한 후 토론토 대학에서 성인교육 및 지역사회 개발 분야의 석사 및 박사 학위를 받았으며 현재 토론토 대학원에서 코칭을 가르치고 있습니다. 문혜선 박사가 토론토 대학에서 코칭 대화 및 교육학에 대한 연구를 통해 개발한 코칭 모델인 DOQ(Dialogic Orientation Quadrant)는 전 세계적으로 사람들이 코칭을 학습하고 응용하는 방식을 변화시켰습니다. DOQ를 토대로 한 meta-conversation(메타대화)을 사용한 연구 프로젝트들은 사람들이 가정과 직장에서 더 나은 대화를 경험하는 것에 초점을 두고 있으며, 대화로써 세상을 바꿀 수 있다는 비전을 교육, 코칭 및 컨설팅을 통해 나누고 있습니다. 현재 Canadian Centre for Brief Coaching의 최고 책임자와 Human Learning Institute의 Chief of Research를 겸임하고 있으며 개인 시간에는 다큐멘터리 제작, 목공, 골프를 즐깁니다. 이른 아침 혼자만의 시간과 대낮의 낮잠, 좋은 커피, 가는 펜촉의 만년필을 좋아하는 문혜선 박사는 현재 어머니와 두 마리의 특별한 강아지들과 함께 캐나다 토론토에 거주하고 있습니다. 더 자세한 연구나 프로젝트의 내용은 Briefcoaching.ca 및 Coachingatoz.com에서 알 수 있습니다.

역자에 관하여

최중진 박사는 경기도 수원에 위치한 경기대학교 휴먼서비스학부 청소년전공의 교수로 재직 중이며, 해결중심치료, 가족치료, 청소년상담, 질적연구, 그리고 회복적 정의 등의 과목을 강의하고 있습니다. The University of Wisconsin-Milwaukee에서 석사학위를, The University of Kansas에서 박사를 받았습니다. 이후 Florida Atlantic University 사회복지학부에서 조교수를 거쳐 2012년부터 경기대학교에서 가르치고 있습니다. 현재 해결중심치료학회의 (공동)부회장과 (공동)자격관리위원장을 맡고 있으며, 한국가족치료학회의 이사 및 (공동)편집위원장 등을 역임했습니다.

Coaching A-Z 일상의 대화, 소통의 과학

초판발행	2022년 10월 30일
지은이	Haesun Moon Ph.D.
옮긴이	최중진
펴낸이	노 현
편 집	전채린
기획/마케팅	조정빈
표지디자인	Ben Story
제 작	고철민·조영환
펴낸곳	㈜ 피와이메이트
	서울특별시 금천구 가산디지털2로 53, 210호(가산동, 한라시그마밸리)
	등록 2014. 2. 12. 제2018-000080호
전 화	02)733-6771
f a x	02)736-4818
e-mail	pys@pybook.co.kr
homepage	www.pybook.co.kr
ISBN	979-11-6519-337-9 93180

* 파본은 구입하신 곳에서 교환해 드립니다. 본서의 무단복제행위를 금합니다.
* 역자와 협의하여 인지첨부를 생략합니다.

정 가	18,000원

박영스토리는 박영사와 함께하는 브랜드입니다.